La méthode HypnoNatal

LISE BARTOLI

AUX ÉDITIONS PAYOT

Dis-moi comment tu es né, je te dirais qui tu es

Comment améliorer son destin. Neuf clés pour mieux vivre sa vie

Venir au monde. Les rites d'enfantement sur les cinq continents

L'Art d'apaiser son enfant pour qu'il retrouve force et confiance

Dominer sa part d'ombre. Un guide de transformation intérieure

Se libérer par l'hypnose. Dix exercices d'autohypnose à tester pour aller mieux

La Méthode HypnoNatal. Trente exercices d'autohypnose pour la grossesse et l'accouchement

Lise Bartoli

La méthode HypnoNatal

30 exercices d'autohypnose pour la grossesse et l'accouchement

PETITE
BIBLIO
PAYOT

Retrouvez l'ensemble des parutions
des Éditions Payot & Rivages sur

payot-rivages.fr

Note de l'éditeur. Cet ouvrage a précédemment paru en grand format aux Éditions Payot sous le titre *Le Cahier zen de la future maman*. La présentre édition en reprend le texte intégral.

Avant-propos

Mon travail auprès des futures mamans a démarré dès la naissance de mes deux enfants, Adrien et Mélina, il y a plus de vingt ans.

Mon but était d'éclairer les futures mamans pour qu'elles choisissent en connaissance de cause leur maternité et leur accouchement car je me suis toujours étonnée de cette ambiguïté : ce sont les futures mamans qui portent leur bébé et qui vont accoucher, mais elles ne savent souvent pas grand-chose des pratiques proposées ou parfois imposées par les maternités où leur enfant sera accueilli. Je voulais leur donner les moyens de connaître au mieux les us et coutumes des maternités. Celles qui prônent les déclenchements de confort, celles qui imposent l'épisiotomie, des actes médicaux qui peuvent en effrayer plus d'une... Ou en attirer d'autres qui imaginent que « plus il y a d'interventions, plus il y a de sécurité », ce qui n'est pas la réalité, mais peut se comprendre tant les peurs qui entourent la naissance sont grandes.

Très naturellement, mon désir d'accompagner les futures mamans m'a guidée vers le travail en institutions (maternité, PMI) afin d'entrer pleinement dans le monde de la naissance. Lors de mes accompagnements dans le service maternité d'un grand hôpital de la région parisienne, j'ai pu percevoir de près le stress des équipes et des futures mamans. J'ai aussi pu voir à quel point la force de la pensée est plus puissante qu'un produit de synthèse en salle de travail. Ma présence n'était pas que rassurante pour les futurs parents. Elle était à bien des points bénéfique pour la résolution de divers problèmes que la médecine ne pouvait résoudre. Il me fallait trouver, en un temps record, la solution pour que les futures mamans « lâchent » leur bébé et évitent la césarienne. C'est un exercice formidable pour une psy et il est dommage que les psychologues des maternités soient cantonnées aux visites postnatales alors que leur présence est essentielle avant l'accouchement et particulièrement en salle de maternité pour les futurs parents comme pour le personnel.

Forte de ce constat, j'ai créé, en tant que psychologue hypnothérapeute, une méthode reposant sur l'hypnose ericksonienne, permettant aux futures mamans de se préparer en amont afin de se sentir confiante le jour de leur accouchement. Je l'ai appelée HypnoNatal. Un outil que j'ai modelé au fil du temps et que j'ai ensuite transmis. Voilà dix ans que je forme sages-femmes et thérapeutes à cette technique, en France, en Suisse, en Belgique et au Maroc. C'est un accompagnement humain qui vient en plus des exercices d'hypnose. Nul besoin d'un état hypnotique profond ! L'état de relaxation associé aux visualisations proposées est suffisamment puissant.

J'ai souhaité, dans ce livre, vous aider directement, vous, future maman, à retrouver une écoute intérieure propice au relâchement et aux suggestions positives dont vous pourrez profiter pendant votre grossesse, votre accouchement et après…

Je n'ai pas oublié les futurs papas. Ils sont souvent décontenancés le jour J, se sentent impuissants, parfois encore plus angoissés que leur compagne, leur transmettant sans le vouloir leur anxiété…

Dans cet ouvrage, votre compagnon aussi profitera des nombreux exercices proposés pour attendre bébé avec plus de plénitude et mieux connaître vos codes intérieurs, votre imagerie mentale. Il pourra ainsi prendre une place essentielle le jour de l'accouchement en vous entourant avec sérénité.

Je vous souhaite une grossesse zen et un bel accouchement, toujours reliée à votre bébé !

Félicitations !

Vous venez d'apprendre que vous êtes enceinte ? Bravo ! La magie est en marche… Il est possible que, folle de joie, vous ayez la sensation de ne pas toucher terre ! Il est possible aussi que vous soyez perturbée par des peurs ou des angoisses. Toute une gamme d'émotions traverse couramment la plupart des futures mamans. C'est le signe qu'un grand moment arrive. Tout votre être perçoit les multiples signaux qui marquent le début de vie de votre bébé qui va grandir au fil des jours. Vous avez neuf mois pour vous faire à ce grand changement. Vous avez donc le temps… Un temps précieux d'ouverture à un nouveau langage intérieur fait d'idées, de pensées, de sensations que vous seule pourrez percevoir. Un temps de complicité et de partage avec votre tout-petit.

Il y a de cela à peine vingt ou trente ans, on imaginait que l'enfant *in utero* végétait et qu'il venait au monde sans ressenti, sans émotion. On sait aujourd'hui qu'il n'en est rien. Ce tout-petit blotti dans votre ventre mémorise, entend, perçoit à sa manière. Un accordage commence entre lui et vous et continuera après sa naissance tant il est vrai que l'interaction mère-enfant est puissante et que chacun modèle l'autre en permanence.

Lorsque l'on est enceinte, on a l'habitude de dire qu'on « attend un heureux événement ». Plutôt que « d'attendre », je vous propose au fil de ce livre d'activer toutes vos formidables ressources pour vivre votre grossesse et votre accouchement de façon zen et de réveiller une foule de capacités endormies ou ignorées qui vous permettront d'accueillir au mieux votre bébé tout en vous sentant encore plus proche de lui durant ce merveilleux processus d'enfantement.

Vous apprendrez à mieux connaître votre langage intérieur, à identifier vos craintes présentes et passées, à vous en libérer, à clarifier vos souhaits en matière d'accouchement et à apaiser les petits problèmes inhérents à la grossesse. Vous saurez comment attirer le positif sur vous et votre enfant tout en prenant conscience de ce que vous désirez lui transmettre. Enfin, vous aurez l'occasion de vous entraîner à gérer la douleur. Tous ces processus vous seront rapidement familiers. Ils influeront sur le bien-être de votre enfant qui saura profiter de ces moments de pause. Un lien positif va se construire qui continuera de vous unir, vous et votre petit, bien après la naissance.

S'il le souhaite, votre compagnon pourra lui aussi profiter des exercices proposés afin de vivre les mois qui viennent avec plus de plénitude et mieux prendre le temps d'investir pleinement son rôle de père. En se familiarisant avec les codes et les formules qui parlent à l'inconscient, il vous sera d'une grande aide lors de la naissance de votre enfant.

Cet ouvrage est interactif : vous pourrez y noter votre évolution de grossesse, les messages d'amour que vous envoyez à votre bébé, vos ressources positives… et bien d'autres merveilles qui deviendront des souvenirs forts à offrir à votre enfant quand il aura l'âge de les lire.

Votre désir de bébé

Un bébé vient au monde grâce à trois désirs communs : celui de la mère, du père et de l'enfant. Cette conjonction paraît évidente lorsque les parents prévoient consciemment d'avoir un bébé, en en parlant, en choisissant parfois la « bonne » période, voire l'endroit le plus « inspiré »…

Et puis pour d'autres, qui étaient prêts sans le savoir, on a la surprise de ce petit bout qui arrive « par hasard ». Je pense que ceux-là étaient prêts inconsciemment.

La conception de votre bébé

Inscrivez ici si vous étiez prête consciemment ou inconsciemment à accueillir votre bébé ainsi que les détails de l'annonce de votre grossesse.

Notez ici le lieu et la date de fécondation (si connus) :

....

....

....

Avez-vous choisi cette période ou était-ce le « hasard » ?

....

....

....

Comment et quand avez-vous su que vous étiez enceinte ?

....

....

....

Décrivez ce que vous avez ressenti :

....

....

....

Comment l'avez-vous annoncé à votre compagnon ?

....

....

....

Décrivez la réaction du futur papa :

....

....

....

À qui d'autre avez-vous annoncé la nouvelle ?

....

....

....

Quelles ont été leurs réactions ?

....

....

....

Votre projet de naissance

Prenez un moment pour clarifier vos désirs en matière d'accouchement. Inscrivez ce qui vous semble primordial. Au fil des semaines, après avoir récolté des informations dans des livres ou sur Internet à propos des actes médicaux lors de la naissance, vous pourrez y revenir afin de modifier ou ajouter certains éléments.

Parlez-en avec votre compagnon. C'est un bon moyen de vous projeter tous les deux sur la naissance de votre enfant et de réfléchir à la façon dont vous souhaitez l'accueillir.

Vous en dégagerez l'essentiel pour l'inscrire sur la page « Projet de naissance » que vous pourrez ensuite découper afin d'en discuter avec votre sage-femme ou l'équipe de votre maternité.

Vous saurez ainsi à l'avance quels souhaits pourront être facilement réalisés – ou pas – selon les usages de la maternité… Si vos vœux ne sont pas pris en compte, vous pourrez alors vous préparer psychiquement à vous plier aux protocoles de l'équipe… Ou opter pour un autre lieu plus en accord avec vos souhaits.

Votre projet de naissance

Date prévue de l'accouchement :

....

....

Lieu prévu de l'accouchement (hôpital, clinique, maison de naissance, domicile) :

....

....

Pourquoi ce lieu ?

....

....

....

Souhaitez-vous un accouchement naturel ou technique ?

....

....

Avez-vous choisi un obstétricien ?

....

....

Quel est son nom ? Comment l'avez-vous rencontré ?

....

....

....

Avez-vous choisi une sage-femme pour un suivi global (jusqu'à l'accouchement) ?

....

....

Quel est son nom ? Comment l'avez-vous rencontrée ?

....

....

Vos souhaits

La présence de votre compagnon et/ou d'une autre personne :

....

....

L'ambiance de la salle (lumière, voix, musique) :

....

....

....

Le choix de mouvements et de positions :

....

....

....

La possibilité de monitoring discontinu :

....

....

La péridurale :

....

....

L'accélération artificielle de l'accouchement :

....

....

Le déclenchement de confort :

....

....

L'épisiotomie :

....

....

La coupe du cordon :

....

....

Le peau à peau avec votre bébé :

....

....

L'allaitement :

....

....

Votre sortie de maternité :

....

....

CHAPITRE PREMIER
Comment rester zen

Que d'émotions !

Être enceinte entraîne des modifications physiologiques et psychiques qui alertent la future maman qu'un événement important se prépare. C'est un moment de passage qui remue autant le corps que l'esprit. Au fil des mois, la future maman s'ouvre physiquement et psychiquement à la fois à des codes anciens et à des codes nouveaux. Principalement si c'est son premier bébé car elle fait pour la première fois le passage. Elle était femme, la voici devenir mère. La période des neuf mois, comme une transition entre deux statuts, va lui permettre de s'adapter progressivement à son nouveau rôle.

Lors des trois premiers mois, les hormones s'ajustent et peuvent causer quelques petits désagréments qui, bien souvent, s'apaisent à la fin du premier trimestre. Juste après la joie d'apprendre qu'un bébé est dans son ventre, c'est aussi l'époque du doute pour la future maman : mon bébé restera-t-il bien au chaud ? Et lorsqu'il y a une baisse de forme, elle culpabilise : « Mais pourquoi suis-je fatiguée avec un moral en berne ? Je devrais être heureuse puisque j'ai un enfant ! »

Lors du deuxième trimestre, l'annonce est officialisée tant dans la sphère personnelle que professionnelle. Sur le plan physique, c'est plus calme, les bouleversements hormonaux ont cessé. Le ventre s'arrondit et la femme ressent les mouvements de son bébé. Elle tisse en imaginaire le portrait et l'avenir du tout-petit qu'elle porte. Par ses pensées, elle lui transmet déjà ses attentes (tu réussiras ce que j'ai commencé, j'espère que tu me comprendras, je voudrais que tu sois toujours câlin, etc.). C'est aussi le moment de se construire en tant que mère. Souhaite-t-elle ressembler à sa mère ou, à l'inverse, a-t-elle l'intention d'agir différemment, pensant prodiguer de meilleurs soins à son bébé que ceux qu'elle a reçus petite ? Pendant cette période, la future maman s'ouvre aux informations inconscientes. Elle se reconnecte avec son passé de bébé, avec ses liens maternels. Ainsi, les blessures non résolues de sa petite enfance, voire celles de sa propre mère, risquent d'émerger. C'est le moment de se libérer de toutes ces zones d'ombre.

Lors du dernier trimestre, le ventre rond peut devenir trop lourd à porter. La future maman a souvent du mal à se déplacer ou souffre de problèmes au dos, à l'estomac, aux jambes. Si elle dort mal, ces troubles du sommeil risquent de la fatiguer et de renforcer sa fragilité émotionnelle. S'y ajoute dans certains cas la crainte de ne pas retrouver son emploi après la naissance, ou la peur de ne pas bien s'occuper de son enfant. C'est le moment où les futurs parents s'interrogent sur l'impact de l'arrivée du bébé sur leur vie de couple. Le jour fatidique de l'accouchement se rapproche. L'anxiété est palpable dans les pensées quotidiennes et dans les rêves nocturnes. La future maman s'inquiète à propos de son accouchement. Saura-t-elle faire ? Aura-t-elle mal ? Elle se demande si son bébé se portera bien au moment de sa naissance et si elle saura faire face à sa nouvelle fonction de mère.

On le voit, bien que ce soit considéré comme un « merveilleux événement », il est courant de ressentir pendant ces neuf mois des faiblesses corporelles ou émotionnelles qui engendrent un taux de stress différent d'une femme enceinte à une autre. À ces inquiétudes se mêle la crainte que le stress vécu retentisse sur le bien-être du bébé *in utero*, ce qui ajoute une dose de culpabilité à la gamme émotionnelle maternelle. Les exercices de ce livre, agréables et faciles à accomplir, vous aideront à surmonter vos doutes et à croire en vos capacités à être plus forte et plus créative que vous ne l'aviez imaginé !

Recettes pour rester zen : un rendez-vous avec vous

Plusieurs règles sont à respecter pour rester zen tout au long de votre grossesse. Les exercices qui vous sont proposés dans ce livre ne peuvent être appliqués que si vous prenez du temps pour vous. La première règle est donc de respecter un temps de pause ! Et particulièrement si vous avez l'habitude de courir dans tous les sens. Même si vous avez tout compris des exercices, inutile d'essayer de les exécuter à la va-vite dans l'ascenseur entre deux étages. Bien sûr, celles d'entre vous qui travaillent auront leurs premiers mois tellement occupés que prendre vingt minutes par jour leur paraît impensable. Pourtant, vous en valez la peine ! Combien de grossesses allez-vous vivre dans votre vie ? une, deux, trois ? Personne ne pourra prendre ce temps à votre place. Il est à vous. Prévoyez un moment chaque semaine le premier mois. L'habitude s'installera et une pause quotidienne vous semblera de plus en plus facile et bénéfique. Au besoin, pour les plus affairées, notez sur un agenda des plages horaires que vous entourerez de rouge avec la mention « rendez-vous avec moi et mon bébé » !

Toutes les études récentes prouvent qu'un temps de pause quotidien de vingt minutes pour soi a un effet positif sur la santé physique et mentale. Entre autres, le système immunitaire se renforce, la tension artérielle s'abaisse, le rythme cardiaque ralentit, l'anxiété et les idées négatives diminuent. Un état de bien-être qui se répercute sur votre bébé qui baigne dans votre ventre comme dans votre climat émotionnel.

Vos rendez-vous peuvent être toujours à la même heure (par exemple le matin après votre petit-déjeuner ou le soir après le dîner). En testant des horaires différents, vous trouverez vite le moment qui vous est le plus favorable. Éteignez le portable pour ne pas être dérangée et installez-vous dans un fauteuil, un canapé, sur un tapis… Dans la position qui vous paraît la plus agréable pour vous concentrer uniquement sur vous et votre bébé pendant un temps défini.

Si vous préférez commencer par cinq minutes de pause, c'est très bien. Dans ce cas, centrez-vous surtout sur votre respiration et vos sensations et augmentez progressivement ce temps jusqu'à une vingtaine de minutes ou plus. Si vous le souhaitez adoptez directement les deux relaxations phares de ce livre : le mode Zen et le mode Lieu ressources. Très faciles à pratiquer, ces deux séances de détente servent de base à tous les exercices de cet ouvrage (voir l'encadré « Vous mettre en mode Zen et en mode Lieu ressources pour bien profiter des exercices de ce livre »).

Votre inconscient vous guide

On l'a vu, vingt minutes de méditation sont bénéfiques tant sur le plan physiologique que sur le plan émotionnel. Mais les exercices de ce livre vous guident vers d'autres opportunités en vous permettant de vous relier à votre inconscient.

Cette partie inconsciente est celle qui détient vos codes, vos expériences, même celles que vous pensez avoir oubliées. Elle accède à des informations essentielles qui appartiennent à votre famille ainsi qu'à la mémoire collective. C'est un puits de savoir, de connaissances et de solutions dont il serait dommage de se passer pendant toute cette période de grossesse !

En tant qu'hypnothérapeute, j'accompagne mes patients vers des états amplifiés de conscience qui peuvent être profonds, sans aller jusqu'à l'endormissement car l'hypnose que je pratique n'est pas une hypnose qui endort mais plutôt une hypnose qui réveille la conscience et la fait grandir… J'ai observé que peu importe la profondeur, l'important est la connexion inconsciente. Cet état peut être facilement atteint en se focalisant sur des sensations, comme sa respiration, la position de son corps, le poids de ses mains, ou en se « dissociant » c'est-à-dire en étant en même temps dans l'ici et maintenant et dans un lieu imaginaire. L'attention flottante comme la dissociation sont des états amplifiés de conscience qui suffisent pour se sentir bien et communiquer avec son inconscient. Ils sont faciles à activer et à reproduire.

Dans cet état, il s'agit d'accueillir les images ou les pensées derrière ses yeux fermés. Tout simplement. En tentant de ne pas analyser et de ne pas juger ce qui vient à l'esprit pour mieux laisser l'inconscient vous guider. Comme dans les rêves, le langage de votre inconscient est fait de symboles et de métaphores. Votre mental utilisant un autre langage plus analytique, il risque d'interférer par moments. Ces petites ingérences disparaîtront au fil du temps. Vous prendrez vite l'habitude d'accueillir les premières perceptions – image, idée, ressenti… – qui vous viennent en tête.

Mode Zen et mode Lieu ressources

Deux relaxations phares :

Les deux séances de détente « mode Zen » et « mode Lieu ressources » sont les bases qui servent à tous les exercices de ce livre. Elles ont été conçues spécialement pour cette méthode et peuvent être pratiquées par tout le monde. Vous pouvez lire le texte de la séance en entier puis, en fermant les yeux, vous laisser inspirer par les indications que vous avez lues. Ou bien, quelqu'un peut vous lire le texte ou l'enregistrer d'une voix douce et enrobante sur le support de votre choix.

Je vous en propose une version audio enregistrée pour vous, que vous pouvez télécharger très simplement et gratuitement sur mon site lisebartoli.com. Ma voix et ma musique vous guideront vers la détente désirée. Leur durée est de vingt minutes pour le mode Zen et de trente minutes pour le mode Lieu ressources.

Des exercices de visualisation :

Le mode Zen comme le mode Lieu ressources vous permettront d'atteindre une profonde détente et un état de conscience amplifiée propice aux connexions inconscientes. Ce sera le moment de réaliser l'exercice que vous aurez choisi parmi la trentaine de visualisations de ce livre. Ce moment est clairement indiqué sur le texte de votre relaxation phare et signalé à l'aide d'un pont musical de plusieurs minutes sur la bande sonore.

Si toutefois, à la place d'un exercice précis, vous préférez utiliser ce temps de connexion juste pour vous relaxer, c'est très bien aussi. Servez-vous alors de ces quelques minutes pour accueillir les sensations de bien-être et les messages intérieurs.

Ce *pictogramme* signale qu'un exercice spécifique vous est proposé. Pour le réaliser, vous devrez au préalable vous mettre en condition. La phrase « Prenez le temps de vous mettre en mode Zen, et puis... » ou « Prenez le temps de vous mettre en mode Lieu ressources, et puis... » vous indiquera la base de relaxation préférable pour accomplir votre exercice.

Relaxation « mode Zen »

Simple et facile à pratiquer, le mode Zen vous permettra de prendre du temps pour vous et de vous détendre afin de vous connecter à votre inconscient. C'est une séance de relaxation qui vous servira pour une grande partie des visualisations proposées dans ce livre.

Vous pouvez commencer votre relaxation les yeux ouverts en fixant un point jusqu'à ce que vous ayez envie de les fermer. Ou bien démarrer les yeux fermés. Il ne s'agit pas de diriger les opérations comme un commandant sur son navire. Mais plutôt d'être le paquebot qui se laisse porter par l'eau. Accueillez la façon que vous avez de vous détendre, sans vous mettre la pression (ça ne va pas assez vite / J'espère que ça va marcher cette fois-ci…) ou vous juger (je suis nul / les autres doivent mieux y arriver que moi…). Accueillez, tout simplement, comme un jeu, comme une expérience intéressante sur vos ressentis aux niveaux visuel, auditif, sensitif.

À l'étape suivante, la focalisation s'approfondit, votre attention se concentre sur une sensation visuelle (lumière) ou kinesthésique (chaleur) qui vous guide vers une détente physique encore plus agréable de tout le corps.

La troisième étape fait appel à la visualisation d'une bougie que vous percevez à votre manière. Cette lumière qui illumine votre chemin vous guidera. À ce moment de l'exercice, vous êtes au niveau inconscient. Bien sûr, si quelqu'un sonne à la porte ou si vous devez bouger, vous le pourrez tout à fait, n'ayez crainte. Toutefois, vous serez dans un état différent de votre état d'alerte habituel, vous serez dans cet état de bien-être et d'accueil propice à la connexion inconsciente.

Au moment indiqué dans le texte, vous avez alors le choix de faire une demande directement à votre inconscient (par exemple, « Je souhaite mieux dormir » ou « Je veux me sentir de plus en plus apaisée dans ma vie de tous les jours », etc.) ou de faire un des exercices proposés dans les chapitres suivants.

Une fois votre demande faite, accueillez les images ou les idées qui vous viennent à l'esprit. Puis, lorsque vous aurez terminé l'exercice, vous revenez ici et maintenant en prenant le temps de sentir chaque partie de votre corps. Si vous sentez que vous avez besoin de mieux vous reconnecter à l'ici et maintenant, je vous suggère de prendre une bonne inspiration puis, en expirant, de guider votre expiration jusque dans vos pieds, d'imaginer que ce souffle traverse vos pieds pour s'ancrer dans le sol, comme si ce souffle devenait racine. Si vous êtes en mode zen le soir avant de vous coucher et que vous vous endormez pendant l'exercice, laissez-vous porter dans les bras de Morphée. Votre inconscient continuera le travail tout seul…

Prenez plaisir à être en mode Zen. Votre inconscient enregistre ces sensations agréables de plénitude ainsi que toutes les images mentales qui leur sont reliées. Il vous les redonnera de plus en plus rapidement au fil de votre pratique, ce qui vous permettra de vous y reconnecter très facilement le jour J.

À vous

Cette séance de relaxation « mode Zen » est téléchargeable sur le site lisebartoli.com. La voix et la musique vous guideront vers la détente recherchée. Vous pouvez aussi lire ou vous faire lire ce texte puis vous laisser inspirer, ou bien l'enregistrer vous-même sur le support de votre choix d'une voix douce et enrobante.

« Je vous invite à prendre du temps pour vous.

Tout d'abord, je vous suggère de vous installer confortablement afin d'être à l'écoute de tout ce qui vous vient à l'esprit. Bien installé, on est mieux pour se détendre et s'ouvrir à tout ce qui surgit de bon.

Si vous le souhaitez, vous pouvez bouger à n'importe quel moment, afin de vous mettre dans la position qui vous convient encore mieux.

N'hésitez pas à prendre contact avec tout ce qui vous entoure.

Si vous avez les yeux ouverts, laissez-vous appeler par un point fixe devant vous, n'importe lequel pour pouvoir le fixer jusqu'à ce que vous ayez envie de fermer les yeux d'ici quelques secondes ou une minute. Parce que, lorsqu'on ferme les yeux, on est encore plus à l'écoute de ce qui se passe à l'intérieur. Vous verrez...

Et si vous avez déjà les yeux fermés, prenez le temps de percevoir s'il y a quelque chose derrière vos yeux fermés, un peu comme si un écran mental s'allumait et que, sur cet écran, vous pouviez voir une couleur par exemple, comme un écran blanc, ou noir. Et même, peut-être que vous percevez déjà des formes, des couleurs. C'est possible dès maintenant, ou tout à l'heure, quand ce sera le moment pour vous d'accueillir.

Et puis, je me demande si vous avez envie de porter l'attention sur l'endroit où vous êtes. Pour sentir :

– la température de la pièce, s'il fait chaud ou frais ;

– la position de votre corps, de vos jambes, de vos bras.

Vous pouvez le faire les yeux ouverts ou fermés. Selon ce que vous préférez. Vous pouvez même, si vous le souhaitez, vous amuser à sentir la différence de ressentis quand vous avez les yeux ouverts et quand vous avez les yeux fermés. Un peu comme lorsqu'on ouvre les volets, qu'on les ferme, qu'on les rouvre, qu'on les referme... Et alors on s'aperçoit que c'est encore plus confortable quand on a les yeux fermés. Parce que le corps en profite pour se reposer.

Dans ces moments de repos, on s'aperçoit qu'on peut être encore plus à l'écoute de son corps. On peut même ressentir des détails qu'on n'avait pas ressentis avant.

Par exemple, rien qu'en y pensant, comme ça, tout d'un coup, vous pouvez vous apercevoir que votre main gauche est disposée d'une façon précise et vous pouvez même sentir le poids de votre main gauche, là où elle est posée. Oui.

Et puis amusez-vous à percevoir si l'autre main a le même poids ou si elle est plus légère, ou plus lourde. Juste pour sentir si les sensations sont différentes. Ou pas.

Vous pouvez faire la même chose avec d'autres parties du corps. Les jambes, les pieds.

Maintenant, pendant que vous accueillez ces sensations, il serait intéressant de mettre votre attention sur votre respiration. Juste pour découvrir qu'elle a un rythme bien particulier. Peut-être rapide ou lent.

Vous pourrez, tout à l'heure, remarquer que votre respiration ralentit au fur et à mesure que vous vous détendez.

C'est ainsi : plus vous vous détendez, plus l'inspiration est profonde.

Et puis, découvrez jusqu'où descend votre respiration.

Jusqu'aux poumons ? Très bien. C'est comme ça que beaucoup de gens respirent. Mais, si le cœur vous en dit, essayez de guider votre respiration jusque dans votre ventre. Pour que l'air circule partout en vous et vous aide à vous relaxer encore plus.

Voilà. Vous retrouvez ainsi votre respiration de bébé.

Tous les bébés respirent ainsi quand ils sont au calme, quand ils dorment. Vous pourrez le vérifier par vous-même.

C'est amusant de constater que ce sont les bébés qui nous rappellent que nous pouvons retrouver notre inspiration profonde.

Voilà. Une respiration naturelle. Profonde. L'inspiration naturelle. Comme le cycle des marées. Les vagues de la mer qui vont qui viennent. Comme le cycle des saisons.

En continuant ainsi de respirer, vous êtes en harmonie avec les rythmes de la nature. Dans un cycle qui se poursuit depuis la nuit des temps.

Et toutes vos cellules profitent de cette respiration profonde et naturelle.

Sans vous en apercevoir, vous accueillez l'oxygène, exactement la quantité d'oxygène dont vous avez besoin. Et sans vous en apercevoir non plus, cet oxygène circule en vous, vous régénère.

Vous aviez oublié ? On oublie souvent toutes ces incroyables capacités que l'on a. Toutes ces choses que l'on fait – très naturellement – sans même y penser.

Une partie de vous s'occupe de tous ces merveilleux changements. Sans même que vous y pensiez, ou quand vous pensez à autre chose, quand vous dormez.

Cette partie qui s'occupe si bien de vous, vous pouvez l'appeler comme vous souhaitez : votre petit sage, votre guide intérieur, votre ange, votre déesse, votre fée. Moi, je l'appelle « l'inconscient » dans cet enregistrement. Parce qu'il faut bien donner un nom. Alors, à chaque fois que je prononce le mot « inconscient », vous saurez de quoi je parle. Je parle de cette partie de vous qui sait plus que ce que votre mental sait. Cette partie inconsciente est une alliée essentielle car elle connaît vos codes personnels, les images, les sensations, les émotions que vous avez vécues, toutes les expériences. Mais aussi tous les codes de votre famille, tous les rythmes de l'univers, et bien plus. Un grand savoir !

Et cette partie de vous, cette partie inconsciente connaît encore plus : elle connaît le secret...

Le secret, c'est que votre inconscient tient à votre disposition les solutions les plus adaptées pour vous. C'est pourquoi aujourd'hui vous vous adressez directement à lui. Votre intuition vous a guidée pour vous mettre à l'écoute de cette sagesse intérieure...

Votre inconscient, c'est votre allié le plus puissant. Il est toujours là quand vous avez besoin d'être aidée ou envie de transformation positive.

Il peut avoir une manière très spéciale de vous parler : il peut le faire en images, en symboles, en métaphores. Et vous, vous avez cette façon très spéciale de l'entendre : ça peut être une petite voix intérieure, une sensation, une visualisation...

Il y a d'autres choses encore que vous allez découvrir. Maintenant, et plus tard. Chaque chose à son heure. Pour l'instant, prenez le temps pour vous.

Et puis, maintenant, si vous en êtes d'accord, je vous propose de laisser le corps se relâcher de plus en plus. Juste ce qu'il faut pour être à l'aise et poser votre attention uniquement sur ce qui est important pour vous.

Alors, à chaque respiration maintenant, votre corps en profite pour bien se détendre. De plus en plus. S'il reste encore une petite tension ou une pensée qui vous dérange, mettez-la dans votre expiration. Voilà, expirez, que les tensions aillent loin de vous. Loin. Hors de vous. Très bien.

Et peut-être que vous pourrez vous apercevoir que, plus vous écoutez le son de ma voix, ou la musique derrière, et plus vous vous relâchez. De plus en plus.

Mais vous n'avez pas besoin de m'écouter totalement. Vous n'avez pas besoin non plus de vous relâcher complètement. Votre inconscient s'occupe de tout...

Pendant que vous continuez à respirer, votre corps continue de profiter de cette séance pour bien se reposer, tranquillement, à son rythme. Et se régénérer pour que, tout à l'heure, vous soyez en pleine forme.

Il est possible que, pendant que chaque muscle de votre corps se relaxe, vous ayez, à votre manière, la perception de cette détente. Par exemple, vous pouvez sentir de la chaleur s'installer dans votre corps, ou percevoir de la lumière, une belle lumière dont la couleur est celle qui vous vient à l'esprit. Ou peut-être qu'une partie de vous préfère diffuser une sensation de lourdeur, comme lorsqu'on est sur le point de s'endormir, sans vraiment dormir.

Écoutez les codes de perception qui sont vos codes, uniques. Vous les reconnaîtrez à chaque fois que vous êtes dans cet état de détente. Comme un petit signal agréable qui signifie : « Ça y est, je profite de ce moment pour entrer en communication avec cette partie qui me guide. » Je ne sais pas si ce signal de détente commence d'abord dans le bas du corps ou d'abord dans le haut. Vous seul pouvez le ressentir car pour chacun ce signal est unique.

Vous n'avez pas besoin de vous concentrer sur cette détente qui s'installe. Tout se fait à votre rythme maintenant et dans les minutes qui suivent. Très naturellement.

Bien sûr, votre partie mentale peut rester un peu aussi, juste pour voir que tout se passe bien. C'est très bien ainsi. Elle peut vérifier que, à l'extérieur, tout se passe bien, que personne ne vous dérange.

Une fois que vous avez le signal intérieur que votre corps se repose, c'est qu'il est temps d'accueillir ce qui est bon pour vous. Alors, je vous laisse imaginer, juste devant vos yeux fermés, une bougie. Elle est peut-être petite, comme les bougies chauffe-plats. Peut-être qu'elle est très grande. Observez-la cette bougie, telle qu'elle vous est apparue : sa couleur, sa forme. Si vous avez envie de sentir la douce chaleur de la flamme, approchez-vous juste assez pour la sentir.

Et puis, vous pouvez la sentir autrement. Par exemple, vous pouvez sentir si c'est une bougie parfumée, ou pas. Et aussi, prenez le temps de voir la flamme danser. Avez-vous remarqué que les flammes des bougies dansent ? Et lorsqu'on regarde bien, on peut même voir d'autres choses à l'intérieur de la flamme. Alors, qu'est-ce que vous voyez ? Qu'est-ce que vous ressentez ? Car vous n'êtes pas obligé de voir absolument ! Parfois, sans voir ni entendre, on ressent – tout simplement. Un peu comme lorsqu'on sent la présence de quelqu'un dans une pièce sans pourtant le voir ou l'entendre. Et c'est peut-être votre moyen à vous d'écouter vos ressentis ?

Imaginez ce que cette flamme vous adresse comme messages, comme images, comme sensations. Laissez votre inconscient traduire en symboles ou sensations ce que vous avez à comprendre ou à apprendre. Et ça peut être juste du bien-être – et c'est déjà beaucoup – ça peut être une idée ou une pensée qui vous vient, intuitivement. Accueillez. Accueillez même quand il n'y a « rien ». Car une partie de vous perçoit tout, même quand vous avez l'impression de ne rien ressentir...

Voilà. Prenez le temps de vous laisser inspirer par la lumière.

Pendant ce temps, sans même y penser, vous continuez à vous relâcher. C'est très bien car c'est vraiment un temps pour vous, pour votre inspiration.

Et maintenant, et parce que vous êtes en connexion avec votre inconscient (ou comme vous l'appelez : petit sage, ange, ou autre), pendant que vous êtes avec cette belle partie de vous qui sait déjà de quoi vous avez besoin et ce que vous avez envie de changer ou de faire grandir en vous, je vous suggère d'en profiter pour lui demander directement ce que vous souhaitez et de lui faire la demande que vous aviez prévu de faire. Vous pourrez ainsi accueillir les ressources qui vous serviront dans votre vie.

Je vous propose d'échanger avec votre inconscient pendant ces quelques minutes de musique. Et je vous retrouve juste après.

Pont musical

À ce moment de la relaxation, vous êtes dans un état de plénitude propice à la connexion inconsciente. C'est le bon moment pour réaliser l'exercice que vous avez choisi dans le livre ou d'accueillir tout simplement les images, les bonnes idées qui vous viennent à l'esprit en profitant de ces instants d'écoute intérieure.

Voilà. Il est temps maintenant de revenir dans l'ici et maintenant avec toutes les informations de cette expérience.

Votre inconscient continuera de diffuser vos messages et vos ressources pendant les heures et les jours qui suivent, faites-lui confiance.

Revenez ici et maintenant en prenant le temps de bouger d'abord une partie de votre corps, voilà, et puis tout le corps.

Et maintenant, ce sont toutes les parties de votre corps qui bougent.

Et puis vous pouvez ouvrir les yeux sur le monde, sur la vie pour revenir en pleine forme dans l'ici et maintenant.

Voilà, revenez en pleine forme dans l'ici et maintenant. Voilà, c'est très bien.

Racontez votre mode Zen

Préférez-vous commencer à vous détendre les yeux ouverts ou fermés ?

....

....

Est-il plus facile pour vous de vous focaliser sur votre respiration, votre corps ou sur la pièce dans laquelle vous vous trouvez ?

....

....

Quel est votre canal de prédilection : est-ce plus facile pour vous de ressentir, de visualiser, d'entendre ?

....

....

Notez la sensation qui vous a permis de vous détendre :

....

....

Comment est votre bougie ? sa forme, sa couleur ?

....

....

Relaxation « Lieu ressources »

Basée sur la dissociation, cette relaxation intègre le mode Zen et le prolonge grâce à la bougie qui vous transporte vers un lieu que votre inconscient vous propose. La lumière vous guide vers cet endroit sécurisant qui peut être différent au départ lors des premiers exercices mais qui prendra sa place dans votre imaginaire au fil de la pratique. Le but est d'être ici et maintenant tout en étant dans un autre lieu. Cet état de dissociation crée un état amplifié de conscience propice à de nombreux exercices proposés dans ce livre. Je vous propose donc d'y revenir pour chaque exercice où sera indiqué : « Prenez le temps de vous mettre en mode Lieu ressources puis… »

Il est conseillé d'avoir réalisé déjà au moins une fois le mode Zen avant d'être en mode Lieu ressources. Cet exercice est un peu plus long. Il faut compter une demi-heure pour le réaliser totalement.

Une fois que vous avez trouvé votre lieu apaisant, vous avez le loisir d'y revenir pour l'aménager afin de vous y sentir de mieux en mieux. Je vous suggère de retourner dans votre Lieu ressources le plus souvent possible, même sans exercice particulier. Juste par plaisir. La répétition crée un ancrage au niveau inconscient.

Ainsi, plus vous répétez cette relaxation, plus l'image de votre lieu imaginaire et de la détente qui est liée s'effectuera rapidement et facilement. Ce sera une aide précieuse le jour de votre accouchement. Invitez votre compagnon à pratiquer cette visualisation autant qu'il le souhaite. Lui aussi pourra ainsi se reconnecter à ses ressources inconscientes tout en installant un univers de bien-être. Amusez-vous à comparer votre lieu avec le sien. Il est forcément différent car nous sommes tous uniques. Il est précieux de signaler régulièrement à votre compagnon les mots-clefs qui détaillent votre Lieu ressources : le jour J, en les prononçant, il pourra facilement vous reconnecter à ces images mentales reliées au bien-être.

À vous

Cette séance de relaxation « mode Lieu ressources » est téléchargeable sur le site lisebartoli.com. La voix et la musique vous guideront vers la détente recherchée. Vous pouvez aussi lire ou vous faire lire ce texte puis vous laisser inspirer, ou bien l'enregistrer vous-même sur le support de votre choix d'une voix douce et enrobante.

« Je vous invite à prendre du temps pour vous.

Tout d'abord, je vous suggère de vous installer confortablement afin d'être à l'écoute de tout ce qui vous vient à l'esprit. Bien installé, on est mieux pour se détendre et s'ouvrir à tout ce qui surgit de bon.

Si vous le souhaitez, vous pouvez bouger à n'importe quel moment pendant l'écoute de cet enregistrement, afin de vous mettre dans la position qui vous convient encore mieux.

N'hésitez pas à prendre contact avec tout ce qui vous entoure. Si vous avez les yeux ouverts, laissez-vous appeler par un point fixe devant vous, n'importe lequel pour pouvoir le fixer jusqu'à ce que vous ayez envie de fermer les yeux d'ici quelques secondes ou une minute. Parce que, lorsqu'on ferme les yeux, on est encore plus à l'écoute de ce qui se passe à l'intérieur. Vous verrez...

Et si vous avez déjà les yeux fermés, prenez le temps de percevoir s'il y a quelque chose derrière vos yeux fermés, un peu comme si un écran mental s'allumait et que, sur cet écran, vous pouviez voir une couleur, par exemple, comme un écran blanc, ou noir.

Et même, peut-être que vous percevez déjà des formes, des couleurs. C'est possible dès maintenant ou tout à l'heure, quand ce sera le moment pour vous d'accueillir.

Et puis, je me demande si vous avez envie de porter l'attention sur l'endroit où vous êtes. Pour sentir :

– la température de la pièce, s'il fait chaud ou frais ;

– la position de votre corps, de vos jambes, de vos bras.

Vous pouvez le faire les yeux ouverts ou fermés. Selon ce que vous préférez. Vous pouvez même, si vous le souhaitez, vous amuser à sentir la différence de ressentis quand vous avez les yeux ouverts et quand vous avez les yeux fermés. Un peu comme lorsqu'on ouvre les volets, qu'on les ferme, qu'on les rouvre, qu'on les referme... Et alors on s'aperçoit que c'est encore plus confortable quand on a les yeux fermés. Parce que le corps en profite pour se reposer.

Dans ces moments de repos, on s'aperçoit qu'on peut être encore plus à l'écoute de son corps. On peut même ressentir des détails qu'on n'avait pas ressentis avant. Par exemple, rien qu'en y pensant, comme ça, tout d'un coup, vous pouvez vous apercevoir que votre main gauche est disposée d'une façon précise et vous pouvez même sentir le poids de votre main gauche, là où elle est posée. Oui.

Et puis amusez-vous à percevoir si l'autre main a le même poids ou si elle est plus légère, ou plus lourde. Juste pour sentir si les sensations sont différentes. Ou pas.

Vous pouvez faire la même chose avec d'autres parties du corps. Les jambes, les pieds.

Maintenant, pendant que vous accueillez ces sensations, il serait intéressant de poser votre attention sur votre respiration. Juste pour découvrir qu'elle a un rythme bien particulier. Peut-être rapide ou lent.

Vous pourrez, tout à l'heure, remarquer que votre respiration ralentit au fur et à mesure que vous vous détendez. C'est ainsi : plus vous vous détendez, plus l'inspiration est profonde.

Et puis, découvrez jusqu'où descend votre respiration. Jusqu'aux poumons ? Très bien. C'est comme ça que beaucoup de gens respirent.

Mais, si le cœur vous en dit, essayez de guider votre respiration jusque dans votre ventre. Pour que l'air circule partout en vous et vous aide à vous relaxer encore plus.

Voilà. Vous retrouvez ainsi votre respiration de bébé. Tous les bébés respirent ainsi quand ils sont au calme, quand ils dorment. Vous pourrez le vérifier par vous-même. C'est amusant de constater que ce sont les bébés qui nous rappellent que nous pouvons retrouver notre inspiration profonde.

Voilà. Une respiration naturelle. Profonde. L'inspiration naturelle. Comme le cycle des marées. Les vagues de la mer qui vont, qui viennent. Comme le cycle des saisons.

En continuant ainsi de respirer, vous êtes en harmonie avec les rythmes de la nature. Dans un cycle qui se poursuit depuis la nuit des temps. Et toutes vos cellules profitent de cette respiration profonde et naturelle.

Sans vous en apercevoir, vous accueillez l'oxygène – exactement la quantité d'oxygène dont vous avez besoin. Et sans vous en apercevoir non plus, cet oxygène circule en vous, vous régénère.

Vous aviez oublié ? On oublie souvent toutes ces incroyables capacités que l'on a. Toutes ces choses que l'on fait – très naturellement – sans même y penser.

Une partie de vous s'occupe de tous ces merveilleux changements. Sans même que vous y pensiez, ou quand vous pensez à autre chose, quand vous dormez.

Cette partie qui s'occupe si bien de vous, vous pouvez l'appeler comme vous souhaitez : votre petit sage, votre guide intérieur, votre ange, votre déesse, votre fée.

Moi, je l'appelle l'« inconscient ». Parce qu'il faut bien donner un nom. Alors, à chaque fois que je prononce le mot « inconscient », vous saurez de quoi je parle. Je parle de cette partie de vous qui sait plus que ce que votre mental sait. Cette partie inconsciente est une alliée essentielle car elle connaît vos codes personnels, les images, les sensations, les émotions que vous avez vécues, toutes les expériences. Mais aussi tous les codes de votre famille, tous les rythmes de l'univers, et bien plus. Un grand savoir !

Et cette partie de vous, cette partie inconsciente connaît encore plus : elle connaît le secret...

Le secret, c'est que votre inconscient tient à votre disposition les solutions les plus adaptées pour vous. C'est pourquoi aujourd'hui vous vous adressez directement à lui. Votre intuition vous a guidée pour vous mettre à l'écoute de cette sagesse intérieure...

Votre inconscient, c'est votre allié le plus puissant. Il est toujours là quand vous avez besoin d'être aidée ou envie de transformation positive.

Il peut avoir une manière très spéciale de vous parler : il peut le faire en images, en symboles, en métaphores. Et vous, vous avez cette façon très spéciale de l'entendre : ça peut être une petite voix intérieure, une sensation, une visualisation...

Il y a d'autres choses encore que vous allez découvrir. Maintenant, et plus tard. Chaque chose à son heure. Pour l'instant, prenez le temps pour vous. Et puis, maintenant, si vous en êtes d'accord, je vous propose de laisser le corps se relâcher de plus en plus. Juste ce qu'il faut pour être à l'aise et poser votre attention uniquement sur ce qui est important pour vous.

Alors, à chaque respiration maintenant, votre corps en profite pour bien se détendre. De plus en plus. S'il reste encore une petite tension ou une pensée qui vous dérange, mettez-la dans votre expiration. Voilà, expirez, que les tensions aillent loin de vous. Loin. Hors de vous. Très bien.

Et peut-être que vous pourrez vous apercevoir que, plus vous écoutez le son de ma voix, ou la musique derrière, et plus vous vous relâchez. De plus en plus.

Mais vous n'avez pas besoin de m'écouter totalement. Vous n'avez pas besoin non plus de vous relâcher complètement. Votre inconscient s'occupe de tout…

Pendant que vous continuez à respirer, votre corps continue de profiter de cette séance pour bien se reposer, tranquillement, à son rythme. Et se régénérer pour que, tout à l'heure, vous soyez en pleine forme.

Il est possible que, pendant que chaque muscle de votre corps se relaxe, vous ayez, à votre manière, la perception de cette détente. Par exemple, vous pouvez sentir de la chaleur s'installer dans votre corps, ou percevoir de la lumière, une belle lumière dont la couleur est celle qui vous vient à l'esprit. Ou peut-être qu'une partie de vous préfère diffuser une sensation de lourdeur, comme lorsqu'on est sur le point de s'endormir, sans vraiment dormir.

Écoutez les codes de perception qui sont vos codes, uniques. Vous les reconnaîtrez à chaque fois que vous êtes dans cet état de détente. Comme un petit signal agréable qui signifie : « Ça y est, je profite de ce moment pour entrer en communication avec cette partie qui me guide. » Je ne sais pas si ce signal de détente commence d'abord dans le bas du corps ou d'abord dans le haut. Vous seul pouvez le ressentir car pour chacun ce signal est unique.

Vous n'avez pas besoin de vous concentrer sur cette détente qui s'installe. Tout se fait à votre rythme maintenant et dans les minutes qui suivent. Très naturellement.

Bien sûr, votre partie mentale peut rester un peu aussi, juste pour voir que tout se passe bien. C'est très bien ainsi. Elle peut vérifier que, à l'extérieur, tout se passe bien, que personne ne vous dérange.

Une fois que vous avez le signal intérieur que votre corps se repose, c'est qu'il est temps d'accueillir ce qui est bon pour vous.

Alors, je vous laisse imaginer, juste devant vos yeux fermés, une bougie. Elle est peut-être petite, comme les bougies chauffe-plats. Peut-être qu'elle est très grande. Observez-la cette bougie, telle qu'elle vous est apparue : sa couleur, sa forme. Si vous avez envie de sentir la douce chaleur de la flamme, approchez-vous juste assez pour la sentir.

Et puis, vous pouvez la sentir autrement. Par exemple, vous pouvez sentir si c'est une bougie parfumée, ou pas.

Et aussi, prenez le temps de voir la flamme danser. Avez-vous remarqué que les flammes des bougies dansent ? Et lorsqu'on regarde bien, on peut même voir d'autres choses à l'intérieur de la flamme. Alors, qu'est-ce que vous voyez ? Qu'est-ce que vous ressentez ? Car vous n'êtes pas obligé de voir absolument ! Parfois, sans voir ni entendre, on ressent – tout simplement. Un peu comme lorsqu'on sent la présence de quelqu'un dans une pièce sans pourtant le voir ou l'entendre. Et c'est peut-être votre moyen à vous d'écouter vos ressentis ?

Imaginez ce que cette flamme vous adresse comme messages, comme images, comme sensations.

Laissez votre inconscient traduire en symboles ou sensations ce que vous avez à comprendre ou à apprendre. Et ça peut être juste du bien-être – et c'est déjà beaucoup – ça peut être une idée ou une pensée qui vous vient, intuitivement. Accueillez. Accueillez même quand il n'y a « rien ». Car une partie de vous perçoit tout, même quand vous avez l'impression de ne rien ressentir... Voilà.

Prenez le temps de vous laisser inspirer par la lumière.

Pendant ce temps, sans même y penser, vous continuez à vous relâcher. C'est très bien car c'est vraiment un temps pour vous, pour votre inspiration. La lumière, cette bougie qui vous guide vous montre maintenant le chemin. Elle avance, danse dans l'espace, ou tourbillonne peut-être. Elle connaît le chemin, vous pouvez lui faire confiance. Elle vous invite à la suivre.

Voilà, prenez le temps de la suivre, de vous envoler. Comme si vous étiez en état d'apesanteur. En flottant. Libre.

La bougie vous emmène peut-être très haut, elle peut même vous guider au-dessus des oiseaux, au-dessus des nuages si vous en ressentez l'envie.

Elle vous permet de vous reconnecter à votre magie, à votre légèreté. Comme une plume dans le vent doux, laissez-vous porter vers un autre univers, un autre espace/temps.

Il est possible que vous ayez déjà une petite idée de l'endroit où vous avez envie d'aller maintenant. Mais je vous conseille de vous laisser guider par la lumière car parfois on a de belles surprises.

La bougie est reliée à votre inconscient – ce puits de sagesse qui vous inspire. Vous avez tout votre temps, alors laissez-vous porter... Dans quelques secondes ou une minute, vous allez atterrir dans cet univers qui est exactement celui qui vous convient.

Peut-être que c'est une plage, ou une prairie. Ou bien, si votre inconscient trouve qu'une montagne vous convient mieux, vous vous retrouverez au pied de la montagne, ou au sommet. Laissez-vous guider, tout simplement. Car vous sentirez précisément l'endroit paisible, naturel, qui vous convient. Allez savoir si votre inconscient préfère choisir un endroit que vous connaissez déjà et que vous aimez beaucoup, ou un lieu tout nouveau. Sur terre, ou dans un autre univers...

Ça y est ? Vous êtes arrivé ?

Le voyage s'est bien passé, vous voyez. C'est normal : vous êtes guidée par la lumière...

Maintenant, je vous propose de découvrir cet endroit car vous êtes arrivée dans votre Lieu ressources.

Observez tout ce que vous appréciez dans ce lieu. Si c'est la température que vous aimez, ou le paysage que vous préférez, ou encore le calme qui y règne...

Tout est tranquille ici et c'est bien naturel, car il est préférable d'être au calme pour écouter tous les messages qui vous seront donnés.

Si vous en avez envie, vous pouvez marcher dans votre espace. À chaque pas, vous vous relâchez encore davantage. Sentez alors ce qu'il y a sous vos pieds. Si c'est de la terre, de l'eau, de l'herbe, peut-être du sable, des rochers... Et puis remarquez les détails qui vous avaient échappé au début.

Cet endroit est votre Lieu ressources car vous pouvez venir ici dès que vous en avez besoin ou envie, pour vous ressourcer.

Et c'est aussi un lieu qui regorge de trésors qui vous appartiennent. Les capacités, les compétences, des bonnes idées, des pensées positives, toutes ces ressources sont là.

Respirez l'air pur et riche en ressources de ce lieu incomparable. À chaque respiration, vous engrangez des bonnes ressources dont vous avez besoin en ce moment dans votre vie.

Vous vous remplissez aussi de la beauté qui vous entoure et de toutes les plus belles émotions de la vie. La joie, l'amour, la tendresse, vous inspirez tout cela en vous.

Et la nature chante pour vous. Oui. Voilà.

Je vous suggère de faire une photo du coin de votre lieu que vous préférez. Regardez autour de vous l'endroit que vous préférez de ce Lieu ressources. Et puis faites une photo. Une photo que vous garderez avec vous, pour vous rappeler toutes ces belles sensations.

Et maintenant, tandis que vous vous êtes rechargée de ressources, et que vous continuez de vous recharger de ressources, vous allez pouvoir vous connecter à tout votre univers intérieur. Votre inconscient en profite pour vous adresser des messages. Écoutez, ressentez, observez... Et réalisez. Faites la demande que vous aviez prévu de faire. Ou une autre, selon votre inspiration.

Je vous laisse quelques minutes, le temps pour vous de demander directement à votre inconscient ce que vous souhaitez. De lui demander à ce puits de sagesse ce que vous souhaitez et je vous retrouve dans quelques minutes juste après cette musique.

Pont musical

À ce moment de la relaxation, vous êtes dans un état de plénitude propice à la connexion inconsciente. C'est le bon moment pour réaliser l'exercice que vous avez choisi dans le livre ou d'accueillir tout simplement les images, les bonnes idées qui vous viennent à l'esprit en profitant de ces instants d'écoute intérieure.

Voilà. Il est temps maintenant de revenir dans la pièce où votre corps s'est reposé, dans l'ici et maintenant. Mais vous avez tout votre temps.

Vous y revenez plus riche qu'avant car vous revenez avec toute cette formidable expérience que vous venez de vivre.

Et plus vous écoutez cet enregistrement, plus il vous est facile et rapide de retrouver le même état de tranquillité.

Il suffit parfois juste de vous rappeler la photo que vous avez faite pour retrouver tout l'univers de votre endroit secret et d'y puiser tout autant de joie et de calme.

Revenez bien ici et maintenant avec toute votre expérience, enrichie de vos ressources, de la joie du bien-être. Toutes ces informations vont continuer de se diffuser en vous dans les heures et les jours suivants.

Prenez le temps de bien revenir ici et maintenant en pleine forme.

Faites confiance à votre inconscient qui continue d'installer tout ce qui est bon pour vous, et même ce que votre conscient a déjà oublié.

Voilà, revenez bien ici et maintenant en prenant tout votre temps. En sentant le corps commencer à bouger. Peut-être les pieds, peut-être les mains.

Et puis, à un moment donné, vous aurez envie d'ouvrir les yeux pour vous ouvrir au monde, à la vie.

Voilà, c'est très bien. Prenez ce temps pour bien revenir ici et maintenant. Voilà. C'est très bien. »

Racontez votre Lieu ressources

Décrivez le Lieu ressources que vous avez créé en vous arrêtant sur ce qui vous plaît le plus – le paysage, les couleurs, les sensations...

....

....

....

....

Notez les mots-clefs qui vous viennent en tête concernant votre Lieu ressources :

....

....

....

....

....

....

Votre Lieu ressources évolue

Notez les différences que vous percevez au fil des semaines :

....

....

....

....

Le Lieu ressources du futur papa

Comment votre compagnon a-t-il vécu son voyage : quelles sont ses sensations ?

....

....

....

....

....

....

Décrivez son Lieu ressources :

....

....

....

....

....

Notez les exercices qu'il a choisi de pratiquer ou qui lui plaisent le plus :

....

....

....

....

....

....

CHAPITRE 2

Libérez-vous du négatif !

L'attente d'un enfant fait remonter les éléments du passé que l'on a refoulés. Ce sont des souvenirs d'enfance qui continuent de vivre en nous et nous poussent à agir toujours de la même façon. On se rend compte alors qu'on répond bien souvent par les mêmes réponses à ce qui nous arrive sans pourtant parvenir à changer ce schéma auquel on s'est habitué, même s'il ne nous plaît pas. Ainsi, lorsque, enfant, on se fait traiter de « nul » ou de « bécassine », on risque de continuer à vivre en supposant que c'est la vérité. Alors, pour concrétiser un projet, on imagine que ce sera difficile, voire infaisable, sauf en se faisant solidement assister. Ou bien, si l'on a grandi dans une ambiance de stress, on s'angoisse à la moindre nouvelle action à gérer.

Et puis, il y a d'autres informations que l'on a reçues en héritage dès notre venue sur terre. Elles appartiennent en quelque sorte au patrimoine familial. Il s'agit des mémoires de nos parents, grands-parents… Sans avoir vécu ce qu'ils ont traversé, notre inconscient en a gardé l'empreinte et on continue de porter ces informations à notre insu en réalisant parfois qu'on répète de vieux schémas dont on aimerait bien se détacher.

Quand on est enceinte, de nouveaux éléments sont à l'œuvre et se réveillent. Tout simplement parce que ce moment de grossesse réactive ce qui était latent dans notre histoire ou celle de nos ascendants. Par exemple, un accouchement difficile, une naissance non désirée, une dépression maternelle, etc. sont autant d'émotions négatives dont il est essentiel de se libérer pour que ce passé ne vienne pas gâcher notre nouvelle grossesse et notre futur accouchement.

D'autres craintes viennent s'ajouter, provenant de notre entourage. Il s'agit des projections que collègues et amis nous adressent de leur propre vécu d'accouchement ou de naissances catastrophiques dont ils ont entendu parler. Voilà bien de quoi tourmenter une future maman !

Quand l'anxiété est trop forte ou que les idées noires sont trop récurrentes, il est évidemment profitable de bénéficier d'un suivi auprès d'un psy.

Toutefois, je vous suggère en premier lieu d'identifier vos peurs. Les reconnaître permet déjà de les rendre moins importantes.

Puis de recueillir les informations concernant la légende familiale qui s'est tissée autour de la naissance.

Ensuite, vous découvrirez plusieurs visualisations adaptées à différentes situations que les futures mamans expérimentent couramment. Peut-être vous sentirez-vous concernée par toutes les questions ou juste par l'une d'entre elles à certains moments de votre grossesse. Choisissez celles qui vous apportent le plus de réconfort et de bien-être. Votre enfant, bien au chaud dans votre ventre, profitera de votre apprentissage du bien-être.

Côté futur papa : si votre compagnon ressent le besoin de se délester d'expériences désagréables du passé, invitez-le à pratiquer un ou plusieurs exercices de ce chapitre.

Reconnaissez et identifiez vos peurs

Avant de vous libérer de vos peurs, prenez un temps pour mieux les reconnaître et mieux les identifier. Une échelle de peur ainsi qu'un questionnaire vous y aideront.

Évaluez sur une échelle votre peur de la naissance

Inspirez profondément. Puis, pensez à votre peur globale concernant la future naissance. Entourez le chiffre qui correspond à votre état de tension.

1 étant une très faible crainte concernant votre accouchement, et 10 une très grande peur.

1 2 3 4 5 6 7 8 9 10

TEST
Votre appréhension de la naissance

J'ai créé ce questionnaire pour que les futures mamans puissent clarifier et bien identifier leurs peurs tout en tentant de comprendre d'où proviennent ces craintes. Il vous servira pour mieux vous diriger parmi les différentes visualisations proposées dans le livre. Il est essentiel de répondre sans réfléchir à chaque question, en retenant toujours votre première idée.

Placez une croix devant la peur que vous ressentez.

Je redoute :

□ ■ De ne pas être prête à être mère.
□ ■ Que mon enfant ressente mon stress.
□ ▲ Que mon projet de naissance ne soit pas respecté.
□ ● De ne pas accoucher de façon naturelle.
□ ■ De ne pas sentir que le travail a commencé.

☐ ◆ De ne pas réussir à allaiter.

☐ ■ De ne pas réussir à bien m'occuper de mon enfant.

☐ ◆ Que la naissance déséquilibre mon couple ou ma famille.

☐ ▲ De répéter une problématique familiale.

☐ ▲ De ne pas être actrice de mon accouchement.

☐ ◆ Que le père de mon enfant ne soit pas un bon papa.

☐ ▲ Que mon conjoint ne puisse pas être présent.

☐ ● De ne pas arriver à temps à la maternité.

☐ ◆ D'avoir le baby-blues.

☐ ● Que l'accouchement soit infiniment long.

☐ ● Que mes contractions soient insupportables.

☐ ■ De ne pas savoir accoucher.

☐ ● De paniquer au moment d'accoucher.

☐ ▲ Qu'une complication survienne lors de l'accouchement.

☐ ◆ Que mon bébé ait un problème.

Faites le compte des cases cochées :

Les peurs sont naturelles lorsqu'il s'agit de l'arrivée d'un enfant, il est donc courant de cocher une dizaine de peurs dans ce questionnaire. Si vous en avez recueilli plus de quinze et que vous vous sentez trop angoissée, il serait judicieux d'en parler à un psychologue, ce qui vous permettra de vous soulager et de bénéficier encore mieux des visualisations proposées dans ce livre.

Une fois que vous avez noté vos peurs, comptabilisez le nombre de cases cochées par catégorie puis reportez-vous aux profils ci-après pour mieux les cerner. Selon les résultats, vous ciblerez les exercices les plus adaptés.

Vous avez un maximum de ■ :

Vous doutez de vos capacités à ressentir et votre confiance en vous semble avoir été entamée. Il est possible que cette période de grossesse augmente vos doutes de manière exagérée, ou bien qu'elle reflète un manque d'assurance latent. Pour le savoir, examinez si ce type de peurs rejoint d'autres appréhensions que vous avez déjà ressenties auparavant dans votre vie de tous les jours. En effet, il se peut que vous ayez souvent l'impression de mal faire. Si c'est le cas, vous vous critiquez ou vous déléguez en imaginant que les autres, eux, feront évidemment mieux. Peut-être que ces craintes se sont immiscées lors de votre éducation. C'est le cas lorsqu'un parent ou professeur rabaisse ou dénigre un enfant ou le compare à d'autres, alimentant un sentiment d'infériorité. À force, le petit a tendance à y croire en doutant de lui et en imaginant par la suite que les autres sont mieux que lui.

Tous les exercices de cet ouvrage sans exception vous seront bénéfiques car ils permettront de vous mettre au contact de vos sens, de réveiller votre aptitude à percevoir et de développer votre confiance en vous. À chaque début d'exercice, en discernant, à votre manière, votre état Zen ou votre Lieu ressources, vous devinerez que vous pouvez, toute seule, parvenir à développer les capacités nécessaires pour vous ressourcer. Vous pourrez ainsi mieux vous affirmer dans vos choix lors de l'arrivée de votre enfant.

Je vous conseille particulièrement les visualisations suivantes :

– un ego tout neuf (page 92) ;
– la bulle zen (page 95) ;
– le lien lumineux (page 106) ;
– la Mère universelle (page 111) ;
– la réussite activée (page 115) ;
– le pont du futur (page 121).

Vous avez un maximum de ▲ :

Vous semblez redouter particulièrement tout ce qui est imprévisible. Vous imaginez parfois que l'équipe médicale lors de l'accouchement ne sera pas à l'écoute de vos choix de naissance ou que votre compagnon n'arrivera pas à se libérer à temps pour assister à la naissance. Vous aimeriez bien être certaine que tout se passera comme vous l'imaginez, tout en réalisant qu'il est impossible de savoir exactement comment les autres se comporteront et ce qui se passera réellement le jour J. Ce type de comportement se retrouve entre autres chez les futures mamans ayant eu l'impression qu'on leur a volé leur accouchement lors d'une précédente naissance. Elles décident que la fois suivante elles devront tout maîtriser.

Il est aussi possible que vos doutes témoignent d'un trait de caractère que vous avez déjà remarqué dans votre vie de tous les jours. C'est le cas si vous aimez planifier et contrôler en imaginant que l'imprévisible aura ainsi moins de chance de s'immiscer dans votre existence. Vous êtes peut-être considérée comme une « battante » aux yeux des autres car vous arrivez sans doute plus facilement qu'eux à parvenir à vos fins. Mais cette volonté risque de vous fatiguer ou de tourner à l'obsession.

Si vous avez envie de vivre plus paisiblement votre grossesse, les exercices de ce livre vous enseigneront un lâcher-prise bénéfique pour vous relâcher pleinement lors de l'accouchement mais aussi dans bien d'autres moments. Profitez de votre grossesse pour vous entraîner régulièrement. Vous verrez que le mode Zen vous fera un bien fou tant physiquement que mentalement…

Votre aptitude à maîtriser les situations vous aidera dans les autres exercices destinés à gérer la douleur (comme votre appareil de contrôle, page 156) et à participer activement au processus de naissance tout en insufflant à votre bébé la force mentale que vous avez en vous (les mots d'amour, page 100).

Je vous conseille particulièrement les exercices suivants pour vous aider à vous libérer de votre pression intérieure :

- la barque aux angoisses (page 79) ;
- le coffre de peines (page 83) ;
- la salle de libération (page 88) ;
- la bulle zen (page 95) ;

ainsi que les exercices qui vous permettront de mieux accepter l'aide de votre entourage et de faire confiance à toutes les formidables aides extérieures positives, comme :

- l'ancrage de soutien (page 109) ;
- la Mère universelle (page 111).

Vous avez un maximum de ● :

Vous vous interrogez sur les détails de votre futur accouchement : à quel moment partir à la maternité, combien de temps dure un accouchement, etc. Vos peurs sont particulièrement axées sur le fonctionnement de la naissance et ce sont des craintes bien naturelles, que chaque future maman ressent.

Cela prouve que vous êtes un esprit pragmatique qui aime comprendre et envisager concrètement les choses. L'arrivée d'un enfant est un passage majeur dans la vie d'une femme, et ce moment oblige à canaliser son énergie psychique pour s'y préparer. Ce serait plus inquiétant si vous viviez votre grossesse comme si de rien n'était, en vous forçant à oublier que vous portez la vie ! Afin de la vivre encore plus sereinement, je vous invite à poser toutes les questions qui vous habitent aux professionnels de santé qui s'occupent de vous (sage-femme, obstétricien) et à mieux connaître chaque phase de l'accouchement. Connaître en détail le processus de naissance et obtenir les réponses précises à vos questionnements vous permettra d'aborder votre accouchement de façon plus concrète et paisible.

Profitez activement des exercices de ce livre qui vous permettront de vous détendre et d'être à l'écoute de vos perceptions tout en vous ouvrant à de nouvelles aptitudes plus intuitives. Cela vous incitera à faire confiance à votre inconscient en lui offrant une place importante puisque cette partie de vous détient les solutions et saura vous guider au moment voulu.

Je vous suggère particulièrement :

- la bulle zen (page 95) ;
- les mots d'amour (page 100) ;
- le lien lumineux (page 106) ;
- l'ancrage de soutien (page 109) ;
- la Mère universelle (page 111) ;
- la réussite activée (page 115) ;
- le pont du futur (page 121).

Plus vous approcherez de votre accouchement, plus les pratiques des chapitres « Apprivoisez la douleur » et « Le jour J, vous êtes prête » vous aideront à appréhender votre accouchement de façon plus assurée.

Vous avez un maximum de ◆ :

Les peurs que vous avez cochées sont particulièrement axées sur l'après-naissance. Il est certain qu'une naissance oblige à des remaniements dans la vie de tous les jours. Si c'est un premier bébé, il se peut que vous ayez des questionnements sur votre aptitude à être une bonne maman, ce qui prouve que vous investissez déjà votre rôle de mère avec une belle envie de bien faire et c'est formidable. Vous avez plusieurs mois devant vous pour vous préparer à votre nouveau statut de mère, ne vous en faites pas. Ce temps de maturation psychique est nécessaire pour accueillir votre bébé. Vos doutes s'amoindriront au fur et à mesure que votre bébé grandira dans votre ventre.

Votre compagnon se prépare également à l'arrivée de ce nouvel être et profitera aussi de tous ces mois pour se sentir père. En imaginant tous les deux que la vie sera différente, forcément, vous faites, sans le savoir, de la place à votre enfant.

Si c'est un deuxième bébé, il est possible que vous vous préoccupiez de l'attitude de l'aîné vis-à-vis de son petit frère ou de sa petite sœur. Parlez-lui régulièrement du bébé qui grandit dans votre ventre et continuez de l'entourer d'amour en expliquant qu'il gardera sa place dans vos cœurs. Le temps de la grossesse lui sera, à lui aussi, bénéfique pour accepter l'idée qu'il devra partager ses parents avec un autre enfant.

Profitez des quelques mois qui vous restent pour vous entraîner à être en mode Zen et en mode Lieu ressources de plus en plus facilement. Ces états de plénitude vous seront vraiment profitables pour accéder rapidement de façon sereine à vos nouvelles fonctions maternelles et pour gérer le quotidien quand votre petit sera chez vous. Votre pratique régulière facilitera les exercices du chapitre « Restez zen après la naissance » quand votre enfant sera né. D'ores et déjà, prenez du temps pour vous et activez particulièrement les ressources qui vous aideront à passer ce cap grâce aux exercices suivants :

- la bulle zen (page 95) ;
- les mots d'amour (page 100) ;
- la Mère universelle (page 111) ;
- la réussite activée (page 115) ;
- le pont du futur (page 121).

Votre symbole chasse-peur

L'exercice suivant vous apprend à mieux maîtriser vos peurs en créant le moyen de vous en défaire en imaginant un symbole chasse-peur. Comme vous le savez votre inconscient garde mémoire des codes que vous avez enregistrés. Ils sont parfois bien différents de ceux du conscient, comme des codes cachés. Ils sont souvent plus imagés. Ces codes « parlent » directement à votre inconscient dans le langage métaphorique.

Ainsi, pour chasser vos peurs, il peut vous venir l'idée d'un cratère, d'un tourbillon, d'une tenaille, d'un panneau de sens interdit, etc. Même si votre mental se demande d'où provient cette imagerie, accueillez sans juger.

À vous

Maintenant, pensez rapidement sans réfléchir à quoi peuvent ressembler vos peurs autour de la naissance à venir.

Puis rapidement, pensez à un symbole qui vous aide à réduire, détruire, jeter ou transformer ces peurs.

Décrivez votre symbole chasse-peur

Quel mot vous est venu en premier ?

....

....

À quoi ressemble votre symbole ? Un outil ? Une forme ? Une couleur ? Un objet ?

....

....

....

Quelle sensation vous apporte ce symbole ?

....

....

....

Si vous le souhaitez, dessinez votre symbole chasse-peur :

Repensez régulièrement à l'image et à la puissance de ce symbole chasse-peur. Plus vous y pensez et plus vous renforcez son action positive.

Maîtriser les histoires des naissances familiales

Je suis chaque fois étonnée d'apprendre que les futures mamans connaissent peu de détails sur leur propre naissance ou celle de leurs parents. Ces informations sont pourtant essentielles, elles nous ont nourris inconsciemment. Ce vécu, s'il n'est pas posé et intégré, risque de resurgir pour se faire entendre. La période de grossesse est le moment parfait pour en apprendre un peu plus sur vos débuts de vie et sur les histoires de famille pour vivre plus sereinement l'arrivée du nouveau membre. Sans devoir répéter un scénario écrit avant vous.

Parfois, une nouvelle grossesse réactive des événements qui se sont déroulés avant dans la famille. Mieux connaître les histoires des naissances permet d'évacuer des peurs et de conjurer les répétitions inconscientes.

Je vous invite à faire votre petite enquête personnelle concernant la naissance de vos parents, vos grands-parents, et la vôtre.

Votre enquête donnera peut-être envie à votre compagnon de faire de même. Vous pourrez ainsi comparer vos histoires de naissance.

Votre enquête personnelle : intégrez l'éclairage familial

Notez ce que vous savez de la légende familiale concernant la naissance. Est-ce d'habitude vécu facilement, joyeusement, ou pas ?

....

....

....

Si vous avez déjà donné naissance à un premier enfant : quel souvenir en gardez-vous ?

....

....

....

Et vous, votre naissance s'est déroulée comment ?

....

....

....

Côté futur papa : quelle est la légende familiale ?

....

....

....

Comment s'est déroulée sa naissance ?

....

....

....

Éloignez le stress : la barque aux angoisses

Le stress à petites doses est parfois positif puisqu'il nous permet de mobiliser tout notre être vers les moments intenses. Et la naissance de votre enfant est un de ces passages essentiels dans votre vie. Il est donc naturel de ressentir un peu de stress. Toutefois, lorsque les peurs sont trop nombreuses, trop fortes ou trop récurrentes, il est bon d'évacuer les tensions qui pourraient vous empêcher de vivre pleinement votre grossesse et votre accouchement. Ces craintes peuvent porter sur le bon déroulement de votre grossesse ou sur l'accouchement à venir. Cependant, d'autres types d'angoisses se sont peut-être installées en vous. Il est grand temps de les éloigner pour vous tranquilliser.

La visualisation proposée ici est donc parfaite pour les futurs parents qui rencontrent des peurs d'ordre physique ou émotionnel, que ce soit au travail ou en famille. Cet exercice peut être renouvelé au fil des semaines dès qu'un nouveau stress surgit.

Votre embarcation symbolique changera alors peut-être de forme en fonction de l'anxiété que vous déposerez dedans. Laissez toujours votre intuition vous guider. Faites confiance à votre inconscient qui sait ce qui est bon pour vous.

À vous

Prenez le temps de vous mettre en mode Lieu ressources, et puis...

Laissez vos pas vous guider intuitivement jusqu'à une source d'eau. C'est peut-être un lac, ou la mer, ou un fleuve, une rivière. Prenez le temps. Pour certaines personnes, il faut marcher un bout de temps, pour d'autres la source d'eau est déjà là.

Puis, sur l'eau, vous percevez un bateau qui arrive rapidement ou lentement. Il approche sous la forme d'une barque, ou d'un gros paquebot selon l'endroit où vous vous trouvez. En tout cas, l'embarcation est solide et vogue tranquillement dans votre direction. Plus elle se rapproche, et plus vous vous relâchez. Car vous savez que cette barque va venir vous aider. C'est une aide qui vous est envoyée pour vous soulager. Alors plus vous la voyez voguer, et plus vous vous détendez. Voilà.

Et puis, lorsqu'elle sera tout à côté de vous, vous pourrez déposer dans cette barque tous vos soucis, tous vos tracas. Ce que vous déposez peut prendre différentes formes : des sacs, des cartons, des objets, des photos, des enregistrements de ce qui a été entendu le matin même ou il y a dix ans de cela... Tout ce qui est trop lourd à porter en ce moment. La barque est solide et peut facilement supporter toutes ces choses trop lourdes pour vous. Puis, quand vous aurez terminé de tout déposer dans cette barque, soufflez profondément comme pour signaler « ça y est, j'ai fini », sentez que vous êtes bien soulagée.

Tous ces poids qui alourdissaient votre vie sont dans cette embarcation qui s'éloigne maintenant. De plus en plus loin. Sans doute qu'un personnage guide la barque vers une destination que lui seul connaît. Il a peut-être l'apparence d'un vieux sage, d'un ange, de la Mère universelle... Cet être va s'occuper de toutes ces lourdeurs. Vous pouvez lui faire confiance. Plus vous voyez cette barque s'éloigner et plus vous vous sentez heureuse d'être enfin soulagée de tout ce qui pesait.

Et à partir de maintenant vous allez vivre votre vie avec beaucoup plus de légèreté. Vous et votre enfant. Car vous savez que les soucis sont loin. Et c'est très bien comme ça. Vous allez vivre chaque jour un peu plus légère, un peu plus heureuse. Chaque jour un peu plus.

Vous revenez en sentant cette légèreté en vous. Tout est agréable et léger.

Décrivez votre barque aux angoisses

Décrivez votre barque.

....

....

....

Qu'avez-vous déposé sur la barque ?

....

....

....

Sous quelle forme ?

....

....

....

Quel soulagement ressentez-vous quand la barque s'éloigne ?

....

....

....

Cet exercice peut être renouvelé à chaque période de stress (notez les différences) :

....

....

....

Détachez-vous du passé négatif : le coffre de peines

Si un mauvais souvenir est associé à la grossesse ou à l'accouchement, je vous propose de vous en libérer le temps de cette grossesse et de la naissance de votre enfant. Trop penser à ce qui est négatif réveille l'expérience douloureuse du passé. Vous et votre bébé n'avez pas besoin de cela en ce moment !

Cela peut être un accouchement que vous avez mal vécu, parce qu'il y a eu trop de douleurs ou une mauvaise nouvelle ce jour-là. Cela peut aussi être le souvenir d'une grossesse non aboutie, que ce soit vous qui l'ayez vécue ou quelqu'un de votre famille (votre mère, votre tante, votre grand-mère…). Cela peut sembler incroyable mais les informations inconscientes circulent d'un ascendant à l'autre, et pour l'inconscient, tout se passe comme si vous aviez réellement vécu cette mauvaise expérience… Dans certains cas, il arrive qu'une angoisse soit présente jusqu'à la date fatidique (par exemple la tristesse d'une fausse couche vécue antérieurement au quatrième mois est le plus souvent réveillée lors de la grossesse suivante et plus fortement encore dès que la future maman approche du quatrième mois…).

Toutefois, le moment du passé que vous jugez négatif n'est pas nécessairement lié à la naissance. Il se peut qu'en lisant cet exercice, vous repensiez à un mauvais souvenir ancien, une blessure émotionnelle ou un échec personnel ou professionnel, que vous portez encore en vous. Prenez alors ce souvenir-là car c'est sans doute celui que vous devez écarter en ce moment. Laissez votre instinct vous guider.

Il est préférable de mettre ces mauvais souvenirs de côté le temps de la grossesse. Cette visualisation vous y aidera.

À vous

Prenez le temps de vous mettre en mode Lieu ressources, et puis...

Je vous propose de visualiser un coffre. C'est peut-être un coffre de pirate, en bois, en métal, ou un coffre à bijoux. Commencez par le toucher, sentir de quelle matière il est fait. Percevez les coloris et s'il y a une fermeture, un cadenas ou une clef pour l'ouvrir.

Regardez à l'intérieur s'il y a du velours ou de la soie. Même s'il vous semble petit, vous vous rappelez que l'on peut mettre de nombreux bijoux dans un coffre à bijoux.

Accueillez ce coffre tel qu'il est. Votre inconscient connaît vos codes secrets. Il a choisi ce contenant parce qu'il est unique et adapté à ce que vous devez visualiser. Faites confiance à votre inconscient qui choisit toujours ce qu'il faut, sans vous demander s'il y a mieux ou pas.

Une fois que ce coffre est là, grand ouvert, je vous propose de déposer à l'intérieur toutes vos peines et/ou toutes vos expériences passées qui ont été douloureuses. Il est possible que l'apparence que prennent vos douleurs soit étrange, laissez faire votre inconscient qui choisit les symboles qui vous parlent intérieurement. Cela peut venir sous la forme d'étincelles, de minuscules objets, de pièces, de morceaux de tissus ou de bois, de cendres ou bien d'autres choses. Il n'y a peut-être qu'une seule chose à déposer, ou peut-être plusieurs. Parfois l'inconscient profite de ces moments pour déposer d'autres choses qu'il est bon de mettre de côté sans que vous sachiez ce que c'est, et c'est bien ainsi.

Une fois que vous sentez que vous avez fini de déposer ces douleurs du passé, refermez ce couvercle comme bon vous semble, en prenant la première idée qui vous vient : juste refermer le coffre, ou bien l'entourer de chaînes, de scotch, le fermer à clef, poser un cadenas, faire une soudure...

Une fois que ce coffre est fermé, imaginez intuitivement où vous souhaitez le poser. Il est possible que vous ayez juste envie de le laisser là où il est, en posant quelque chose dessus : une branche, une fleur, un livre... Ou que vous ayez envie de l'enfouir dans un emplacement connu seulement de vous. Faites ce qui vous vient à l'esprit en premier.

Gardez en tête que vous avez la possibilité de venir rechercher ces émotions quand vous le souhaitez. Vous savez où elles sont. Pour l'instant vous les laissez là où elles sont, bien en sécurité. C'est vous qui avez choisi cet emplacement car c'est le meilleur endroit.

Et tandis que ce coffre reste tranquillement au même emplacement, vous en profitez pour vivre en harmonie votre grossesse. Vous sentez la paix en vous et c'est très agréable.

Vous revenez dans le temps présent ici et maintenant en vous rappelant tout ce que vous appréciez de joyeux ou de doux dans votre grossesse actuelle.

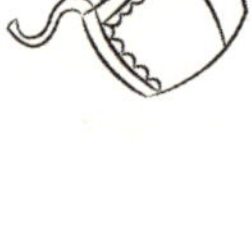

Décrivez votre coffre de peines

De quelle matière est-il fait ? De quelle couleur ? Est-il grand ? est-il petit ?

....

....

....

....

....

....

Quelles peines ou expériences douloureuses avez-vous déposées dedans ?

....

....

....

....

....

....

Qu'avez-vous fait de ce coffre après l'avoir refermé ?

....

....

....

....

....

....

Exprimez ce qui vous est resté sur le cœur : la salle de libération

Si vous avez déjà accouché, il est possible que vous ayez gardé un mauvais souvenir de ce dernier accouchement. Peut-être que vous en voulez à l'équipe de ne pas vous avoir assez épaulée ou écoutée. Ou que vous n'avez pas été en accord avec ce que l'on vous suggérait. Dans ces cas, après coup, on se dit qu'on aurait dû mieux se défendre ou tout du moins exprimer ce qu'on avait envie de dire. On n'ose pas, ou on se dit qu'on le fera plus tard. Et même quand on a dit notre mécontentement, il arrive que le sentiment d'avoir été trahie reste encore présent.

Sachez que le moment de l'accouchement est particulièrement intense et que les futures mamans sont souvent fragilisées par les prises en charge trop directives, ce qui les conduit parfois à accepter des compromis qui ne leur conviennent pas vraiment. Alors, quand elles ont l'impression qu'on les a trop dirigées et qu'elles n'ont pas été assez actrices de leur accouchement, il est courant qu'elles gardent cette rancœur au fond d'elles.

Si c'est votre cas, si vous avez une plainte que vous gardez encore sur votre cœur, il serait bon de la laisser jaillir afin qu'elle n'encombre pas tout votre être. Ce sera bénéfique pour vous et pour votre petit qui va profiter de cette libération ! Alors songez à ce que vous avez gardé et que vous pouvez maintenant exprimer, en visualisation, que ce soit à un membre de l'équipe de la naissance en question, ou à un membre de votre famille qui vous a empêchée de vivre pleinement votre accouchement. Puis réalisez l'exercice suivant.

Notez que cette visualisation est aussi très efficace pour des situations qui peuvent être très différentes. Par exemple, votre patron vous a demandé le double de travail alors que vous étiez malade lors du premier trimestre de grossesse, ou encore votre belle-mère critique votre projet de naissance… Si vous n'avez pas eu l'occasion de vous exprimer, ou si vous l'avez fait mais n'avez pas été entendue, il est temps de le faire.

En mode Zen, vous êtes à un haut niveau de transformation. Pour votre inconscient, ce que vous exprimez virtuellement a la même valeur que ce que vous exprimez dans la réalité. Profitez-en !

À vous

Prenez le temps de vous mettre en mode Zen et puis...

Imaginez que vous êtes sur une estrade dans une salle fermée. C'est la salle de libération. Observez-la, comment est-elle ? Grande ? Petite ? De quelle couleur sont les murs ? Il est possible que vous soyez habillée comme un juge ou comme une reine. Ressentez avant tout l'ambiance de cette pièce. Et puis vous allez voir entrer dans cette pièce deux aides. Ce sont peut-être des personnes que vous connaissez – votre compagnon, une amie, votre mère... – ou des personnages qui, d'habitude, sont considérés comme « invisibles » mais que vous voyez à votre manière aujourd'hui – un ange, un guide, une fée... Accueillez-les chaleureusement et remerciez-les de venir vous aider à libérer la parole. Exprimez-leur la peine ou la colère que vous avez jusqu'à maintenant gardée sur le cœur. Dites-leur qu'à partir de maintenant vous souhaitez vous en débarrasser totalement.

Puis, au moment où vous vous sentirez prête, vous prendrez une bonne inspiration et vous convoquerez la ou les personnes à qui vous souhaitez vous adresser.

Quand cette ou ces personnes apparaîtront, dites tout ce que vous avez sur le cœur. En même temps que vous parlez, notez que vous vous libérez, comme si à chaque mot qui sort de votre bouche virtuelle, votre cœur s'allégeait de plus en plus. Il est possible que vos aides ajoutent quelques mots ou rappels pour vous épauler si vous en avez besoin. Dites vraiment tout ce que vous avez gardé en vous, et ce jusqu'à ce que le sentiment de libération soit là, en vous.

Une fois que vous avez terminé, remerciez tout le monde pour vous avoir permis de vous exprimer. Puis laissez repartir chacun vers l'endroit d'où il est venu.

À votre rythme, tout doucement, vous revenez aussi de là où vous êtes partie, le cœur léger, avec la sensation d'avoir fait ce qu'il fallait et que dorénavant votre cœur peut se gonfler de légèreté et d'amour.

Détruisez les pensées-gifles du passé : un ego tout neuf

Vous l'avez sans doute remarqué, on s'auto-sabote assez souvent. On imagine être moins intelligente, moins belle qu'Unetelle, ou pas assez assurée, trop gentille… Il est possible que ces petites imperfections soient réelles, mais qui peut se targuer d'être sans défaut ? Le plus gênant en général, c'est qu'on se répète ces imperfections et qu'elles prennent de plus en plus de place au fil du temps.

À l'origine, ce sont souvent des phrases qu'on a entendues enfant. On casse une assiette et on entend : « quelle bonne à rien » ou « elle a deux bras gauches celle-là ! ». On entend sa mère ou son père vanter les mérites de la voisine ou de notre copine de classe (« oh, qu'est-ce qu'elle est intelligente, elle ! ») ou un professeur nous rabaisser : « Toi tu n'arriveras jamais à rien. » Toutes ces paroles, comme des piques qu'on nous a lancées, peuvent rester et même s'incruster en nous…

Je les appelle « pensées-gifles » car chaque fois qu'on y pense ces phrases résonnent douloureusement en nous. Le problème : plus on se les répète, plus elles sont présentes… Ces phrases sont souvent anciennes. Elles appartiennent aux personnes qui vous les ont lancées, qui bien souvent ne s'en souviennent même pas. Mais si elles sont encore vivaces en vous aujourd'hui, c'est que vous les entretenez, comme de mauvaises herbes que vous auriez laissées grandir.

Alors maintenant que vous attendez un bébé, il serait temps de vous débarrasser de ces pensées-gifles ! Pour vous, et pour votre bébé…

Voici une visualisation facile qui vous aidera à vous en séparer pour regonfler votre ego et prendre de l'assurance.

À vous

Avant votre relaxation, prenez le temps de faire la liste des pensées-gifles qui reviennent le plus souvent, et particulièrement de celles qui vous gênent le plus actuellement. Notez-les sur une feuille. Relisez puis reposez la feuille en fermant les yeux.

Prenez le temps de vous mettre en mode Lieu ressources et puis…

Une fois arrivée sur votre Lieu ressources et quand vous sentirez que c'est le moment, retrouvez la copie de la liste des pensées-gifles.

Prenez le temps de la relire. Si vous souhaitez ajouter une ou plusieurs pensées-gifles, vous le pouvez. Vous avez tout votre temps. Votre inconscient peut vous souffler également des phrases qui vous gênent encore et que vous aviez oublié d'écrire sur votre liste réelle. Restez à l'écoute.

Lorsque la liste est finie, dirigez-vous vers un endroit de votre Lieu ressources où se trouve un feu – cheminée, ou feu de plage, volcan ou vasque remplie de feu. Et intérieurement déclarez solennellement : « Je me sépare définitivement de ces pensées-gifles », puis déposez ou jetez la liste dans le feu. Sentez la sensation de joie et la fierté d'avoir pu vous libérer de ces pensées-gifles. Voyez toute la liste se consumer en imaginant tout ce que vous allez pouvoir faire grandir de beau et de puissant en vous maintenant !

Puis revenez ici et maintenant avec cette même sensation de fierté et de joie.

Une fois bien présente, vous pouvez poursuivre en déchirant et jetant la feuille réelle sur laquelle vous aviez écrit vos pensées-gifles.

Si, au cours de votre grossesse ou après l'accouchement, une autre pensée-gifle remonte à la surface, refaites le même exercice avec une nouvelle liste.

Protégez-vous des discours négatifs : la bulle zen

Les moments importants de la vie réveillent souvent des peurs ou mauvais souvenirs chez les personnes qui nous entourent. La période de grossesse et naissance, en tant que phase de passage primordiale, n'échappe pas à la règle. Le fait d'être enceinte ranime les anciennes expériences qui, tels des fantômes, surgissent du passé de nos proches. Chacun, sous couvert de conjurer le sort, de vous éviter le pire ou de vous « remettre dans la dure réalité » vous rappelle les lois familiales : on souffre toujours pour le premier bébé ; chez nous, on ne peut pas allaiter ; dans notre famille, les bébés arrivent toujours trop en avance, etc. Ou les discours négatifs de l'entourage : J'ai vomi pendant neuf mois ; Mon accouchement a été horrible ! ; J'espère que ça ne t'arrivera pas, mais moi j'ai souffert pendant des heures, etc.

Les petites phrases parsemées sur les têtes des futures mamans sont innombrables ! Nous y avons toutes eu droit ! Mais vous n'êtes pas obligée de les subir ! Rappelez-vous que tous ces discours négatifs appartiennent à ceux qui les émettent et que, s'ils les expriment, c'est pour mieux s'en dégager, mais absolument pas pour vous protéger ! En revanche, vous avez la capacité de filtrer les informations qui vous sont données pour vous isoler des phrases négatives.

L'exercice visuel suivant vous aidera à vous protéger de tout ce qui est négatif provenant des personnes qui vous entourent que ce soit au travail, dans votre famille ou lors d'une soirée chez des amis.

À vous

Prenez le temps de vous mettre en mode Zen et puis...

Imaginez qu'un filet de lumière descend du ciel et arrive jusqu'à vous pour vous envelopper et former une bulle transparente ou bleue (couleur de protection), blanche (symbole de bienveillance et de pureté) ou bien d'une couleur que vous trouvez belle tout simplement.

Ce halo forme une enveloppe protectrice tout autour de vous. Vous pouvez ressentir cette bulle à votre façon, comme un voile, ou comme une chaleur, ou ne percevoir que la couleur ou juste la sensation, ce qui est bien aussi.

Choisissez ce qui vous plaît le plus en fonction de vos codes et de vos filtres sensoriels.

Laissez cette bulle s'installer autour de vous. Sentez sa présence, sa puissance. Elle est peut-être très proche de votre corps ou assez vaste. Elle marque les limites à ne pas dépasser.

Cette bulle vous préserve de tout ce qui est négatif à l'extérieur et vous permet d'accueillir uniquement ce qui est positif et ce qui vous met en joie.

À partir de maintenant, votre inconscient filtre et filtrera toutes les informations extérieures pendant tout le temps de votre grossesse, et même plus longtemps si vous le souhaitez. Tout ce qui est dit de façon négative reste et restera de l'autre côté de la bulle. Les paroles blessantes, les souvenirs des autres personnes – qui leur appartiennent –, tout cela reste à l'extérieur. Bien sûr, vous pouvez entendre, comprendre ce qui est hors de la bulle. Toutefois, vous sentirez qu'à partir de maintenant, et pour tout le temps de la grossesse, vous serez touchée uniquement par ce qui est positif et joyeux.

Revenez ici et maintenant en sentant la bulle active autour de vous.

Vous pouvez repenser à votre bulle chaque matin ou à n'importe quel moment de la journée. Chaque fois, ce sera par votre façon à vous de reconnaître la bulle, une façon très personnelle : par sa couleur, sa chaleur ou simplement comme une présence rassurante. Et chaque fois, ce seront les mêmes sensations de bien-être. Des sensations qui iront grandissant car la bulle va continuer de se remplir de tous les bons moments que vous allez passer dans les jours, les semaines et les mois qui viennent.

Comment ressentez-vous votre bulle ?

Notez les premiers mots et sensations qui vous sont venus à l'esprit : la couleur, la forme...

....

....

....

....

....

Quels sont les adjectifs les plus adaptés à votre bulle ?

....

....

....

....

....

CHAPITRE 3

Attirez le positif !

Se libérer du négatif fait de la place pour le positif. C'est un peu comme dans une armoire : une fois qu'on a enlevé toutes les affaires anciennes ou démodées, il reste des étagères entières que l'on peut remplir de vêtements nouveaux ! Ainsi, plus vous vous dégagez de ce qui vous gênait, plus vous avez de facilité à installer au fond de vous les sensations de plaisir, de détente, d'assurance que vous souhaitez. Vous parviendrez même à connecter un personnage « invisible » qui est source de connaissance et de puissance et que vous seule pourrez voir, percevoir et entendre.

Je vous propose de réaliser chaque exercice à plusieurs reprises et autant de fois que vous le souhaitez. Car le positif attire le positif et votre enthousiasme gagnera votre enfant, et même votre entourage proche qui, sans savoir ce qui a changé chez vous, recevra votre rayonnement de joie !

Côté futur papa : n'hésitez pas à inciter votre compagnon à pratiquer les exercices de ce chapitre qui lui plaisent. Ils lui permettront de savourer des moments de lâcher prise associés au positif, une aubaine pour les futurs papas stressés ! Vous profiterez d'une ambiance encore plus zen à la maison.

Communiquez avec bébé *in utero* : les mots d'amour

L'exercice de visualisation suivant m'est venu après avoir déjeuné avec la psycho-physiologiste Marie-Claire Busnel dont le travail porte notamment sur le son et le fœtus. Ses recherches récentes confirment que le bébé *in utero* entend les messages de sa maman sans qu'elle parle. Des messages « adressés » comme les nomme cette spécialiste de l'acoustique fœtale. Cette évidence reconnue intuitivement par toutes les mamans du monde devient scientifique !

Il est essentiel de prendre le temps de parler avec ce tout-petit. De lui envoyer ces fameux messages « adressés ». Des messages d'amour bien sûr.

Mais comme il peut « entendre » à sa manière ce qui ne va pas, vous pouvez aussi lui expliquer oralement ou mentalement pourquoi vous avez eu de la peine aujourd'hui, ou pourquoi il y a eu du stress à votre travail ce matin... Il n'est pas question de lui raconter les détails de votre journée. Juste lui parler de ce qui s'est passé puis enchaîner avec ce que vous avez aimé faire, entendre ou ressentir au cours de votre journée. Les sourires, les rires, les moments de joie ou de plénitude. Rien qu'en lui exprimant toutes ces émotions, vous les partagez avec lui. Et comme votre bébé adore les mots d'amour, allez-y, envoyez toutes vos déclarations et ce autant de fois que vous le désirez.

Outre la connexion avec votre enfant, ces moments vous permettront de vous mettre sur « pause ». Et finalement d'accueillir également les messages que votre bébé vous adresse. C'est un excellent exercice pour être à l'écoute de soi et de son bébé. Surtout, il va vous aider à tisser un lien solide entre vous et votre enfant pour que la connexion continue pendant l'accouchement et après... Enfin, il renforce l'intuition de savoir de quoi votre enfant a besoin.

Puis, invitez votre compagnon à réaliser lui aussi cet exercice pour envoyer à sa façon des messages d'amour et pour se mettre à l'écoute de tout ce que son bébé lui enverra comme sensations ou mots tendres.

À vous

Prenez le temps de vous mettre en mode Zen et puis...

Imaginez votre ventre baigné d'une magnifique lumière blanche ou bleue, ou d'une autre couleur apaisante.

Tout en continuant de vous détendre, une partie de vous, qui vous ressemble mais qui devient aussi petite qu'un lutin, descend pour aller visiter l'enfant qui se trouve baigné de lumière. Vous prenez le temps de visualiser ou de ressentir à votre façon dans quelle position se trouve votre bébé. Sentez qu'il est en pleine forme, heureux d'être là, que tout se passe parfaitement bien, que le liquide amniotique est clair, presque transparent, qu'il règne dans cet utérus une belle lumière, une douce harmonie, une plénitude formidable...

Puis, quand vous le souhaitez, vous communiquez avec votre bébé qui entend ce que votre cœur exprime. Et il en est heureux.

Le bébé vous répond en envoyant ses messages qui peuvent prendre la forme de sons que vous entendez dans votre tête ou dans votre cœur. Ou la forme de sensations ou de lumière intérieure. Profitez de ces instants de grâce.

Il faut parfois un certain entraînement pour « entendre » aussi bien que le bébé... On a perdu cette faculté de percevoir intuitivement. Mais plus vous pratiquerez cet exercice, et plus vous parviendrez à entendre à votre manière, avec vos codes, de façon unique, ce que votre bébé vous transmet. Et plus vous communiquerez, plus vous augmenterez votre intuition de savoir ce qui est bon pour votre enfant.

Et n'oubliez pas que, même si vous avez l'impression de ne pas « entendre » les messages de votre bébé, une partie de vous entend et comprend tout et c'est très bien comme ça.

Revenez ici et maintenant en sachant qu'à partir de maintenant, vous saurez ce dont il aura besoin car vous serez de plus en plus en lien avec lui. Pendant toute la grossesse et aussi pendant l'accouchement, et même après sa naissance...

Je vous propose d'écrire sur les pages suivantes toutes les sensations et les « messages ». Vous ou votre enfant pourrez les relire plus tard, dans quelques années... Ces messages seront à tout jamais reliés à une communication intuitive.

Tous les messages de grossesse côté maman

Notez les mots ou les phrases que vous adressez à votre bébé pendant votre grossesse, tous les messages « adressés » :

....

....

....

....

....

....

....

....

....

....

Notez les mots ou les phrases que votre bébé vous adresse, tous les messages « accueillis » :

....

....

....

....

....

....

....

....

....

....

Tous les messages de grossesse côté papa

Le père de votre enfant peut également faire cet exercice en visualisant le bébé dans votre ventre.

Notez les mots ou les phrases qu'il adresse à votre bébé pendant votre grossesse :

....

....

....

....

....

....

....

....

....

Notez les mots ou les phrases que votre bébé lui adresse :

....

....

....

....

....

....

....

....

....

Illuminez votre bébé : le lien lumineux

Les techniques d'hypnose et de PNL (programmation neurolinguistique) montrent qu'associer un geste à un état de bien-être permet de reconnecter très facilement le même bien-être juste en répétant ce geste.

Aussi, je vous propose de vous exercer dès maintenant et autant de fois que possible à associer un geste précis à un état de relaxation et à une visualisation lumineuse. Plus vous répéterez ce geste, et plus le lien avec votre bébé sera puissant. Cet entraînement le rendra particulièrement efficace le jour J.

À vous

Prenez le temps de vous mettre en mode Zen et puis...

Assurez-vous d'être bien détendue et de sentir le bien-être s'installer de plus en plus.

Puis, posez une main sur votre cœur et l'autre sur votre ventre afin de relier vos deux cœurs : le vôtre et celui de votre bébé. Peut-être que vous sentez votre cœur battre, ou que vous sentez si votre petit remue ou s'endort. Avez-vous placé la main gauche sur votre cœur et la droite sur le ventre ? Ou est-ce le contraire ? Percevez la disposition des bras, le poids de chaque main. La sensation agréable de réunir vos deux cœurs.

Imaginez maintenant un lien lumineux entre les deux cœurs. Un lien extensible à l'infini qui vous connecte tous les deux très vite et très facilement. Voilà. Sentez ce lien, cette lumière qui est peut-être sous forme de fil, ou de corde. Un lien qui peut être mauve, ou blanc, ou doré ou de toute autre couleur qui vous vient à l'esprit, et que vous trouvez belle.

Vous êtes tous les deux reliés, peu importe ce qui se passe, peu importe où vous êtes. Et plus vous vous entraînerez à ce geste, plus votre lien sera ancré et cela pendant toute votre grossesse et pendant votre accouchement. Et même après la naissance, ce lien continue. Plus vous y pensez, plus vous le visualisez ou le ressentez, et plus ce lien est puissant.

Revenez ici et maintenant avec cette sensation d'être reliée à votre bébé par la lumière.

Comment ressentez-vous ce lien lumineux ?

Comment étaient posées vos deux mains ?

....
....
....
....
....

De quelle couleur est votre lien ?

....
....
....
....
....

Quelles sensations vous apportent ce lien ?

....
....
....
....
....

Votre compagnon vous épaule : l'ancrage de soutien

Dans le même esprit que le geste qui relie les deux énergies mère-bébé, je vous propose un autre geste d'ancrage, avec votre compagnon cette fois.

À vous

Prenez le temps de vous mettre en mode Zen et puis...

Demandez à votre compagnon de poser une main sur une partie de votre corps (votre épaule droite, votre bras gauche par exemple). Juste à l'endroit qui lui vient à l'esprit instinctivement. Ne vous posez pas de questions (les petites phrases du style « est-ce que c'est bien comme endroit pour poser sa main ? » ou « Peut être qu'il y avait un meilleur endroit ? » sont des jugements négatifs qui gênent la relaxation). Si le positionnement de ce geste vous déplaît, vous en parlerez avec lui juste après. Il vous suffira de refaire cet exercice avec votre compagnon avant d'ancrer le geste...

Lorsqu'il pose sa main sur vous, sentez son soutien, le poids et la chaleur de sa main. Votre compagnon vous envoie à vous et au bébé tout son désir de vous accompagner. Il peut, en même temps, prononcer un ou plusieurs mots. Par exemple : « Tout va bien » ou « Je suis avec toi » ou « Je t'aime » ou ce qui lui vient à l'esprit concernant ce qu'il ressent et ce qu'il a envie d'adresser de positif à vous et votre bébé.

Répétez régulièrement cet ancrage, avec les mêmes mots si une phrase est venue spontanément, quand vous êtes bien, au calme dans votre Lieu ressources ou en simple mode Zen. Puis, dans quelques semaines, demandez à votre compagnon de faire ce même geste à d'autres moments, quand vous êtes un peu stressée ou que vous avez trop travaillé, etc. Vous sentirez les bienfaits de son geste d'ancrage. Le jour J, cet ancrage vous permettra de retrouver rapidement et facilement le même état de bien-être.

Décrivez votre ancrage de soutien

Comment est posée la main de votre compagnon ?

....

Les mots prononcés :

....

Connectez-vous au savoir des femmes : la Mère universelle

Autrefois, nous partagions pleinement l'évolution de la grossesse avec les membres de la famille : parents, grands-parents, fratrie. Parfois aussi avec la sage-femme qui connaissait toute la famille et avec qui chacun gardait un lien essentiel. C'est encore le cas dans de nombreuses sociétés traditionnelles dans le monde. De nos jours, en Occident, la famille est plus éclatée géographiquement, ce qui limite les rencontres, et les rendez-vous avec la sage-femme se réduisent trop souvent exclusivement aux consultations obligatoires. Il arrive même que les parents de la future maman soient éloignés et arrivent juste avant la naissance, voire après. Bien sûr, le téléphone et Internet permettent de rester connectés. Mais il arrive que la future maman ressente l'envie d'être plus épaulée humainement. Pendant la grossesse, un soutien est rassurant et psychiquement contenant. La femme qui porte la vie a elle aussi besoin de se laisser porter.

Alors dans cette période importante où il est bon de percevoir une présence puissante, je vous propose d'appeler une instance supérieure imaginaire, un archétype féminin puissant.

À vous

Prenez le temps de vous mettre en mode Lieu ressources, et puis...

Laissez vos pas vous diriger vers un sentier, une voie qui vous mènera vers une personne qui va vous apparaître. C'est la Mère universelle, la déesse de la naissance. Accueillez-la telle qu'elle vous apparaît. Sans juger son apparence. Elle a peut-être les traits d'une personne que vous connaissez dans votre vie réelle (elle peut ressembler à votre mère par exemple ou bien à une amie, ou encore à une personnalité que vous admirez et qui vous rassure). Elle porte peut-être une longue robe ou, comme les déesses grecques, un vêtement drapé. Observez les couleurs. Toutefois, ce n'est pas son apparence qui compte, c'est son rayonnement. Un rayonnement d'amour et de force.

Cette personne détient la connaissance. Elle sait tout sur les doutes des futures mamans, elle sait leur parler. Elle sait tout sur la grossesse et l'accouchement car elle porte en elle la connaissance de toutes les femmes du monde depuis la nuit des temps.

Elle vous connaît et sait vous écouter et vous donner des conseils. Alors, n'hésitez pas à lui confier vos tracas et vos peines. Même quand vous ne dites rien, cette femme comprend intuitivement, instinctivement ce que vous lui demandez. À partir de maintenant, elle va tout mettre en œuvre pour vous aider, pour vous soutenir, pour que vous vous sentiez épaulée.

Elle vous informe que, avec elle, tout se passera bien. Elle vous envoie de la lumière d'amour. Vous baignez dans cette belle lumière et vous vous sentez bien.

Puis, quand vous le souhaiterez, vous reviendrez avec un sentiment de paix intérieure. Rappelez-vous alors que la lumière est toujours là, en vous et autour de vous, et que vous garderez cette présence et cette lumière pendant toute la durée de la grossesse et que cette présence sera là près de vous lors de l'accouchement, vous soufflant intuitivement ce qui est bon pour vous... Elle sera encore là pour vous accompagner dans vos premiers pas de maman.

Repensez régulièrement à votre Mère universelle lorsque vous êtes en mode Zen ou en mode Lieu Ressources, même lorsque vous réalisez un autre exercice de visualisation. Avec le temps vous parviendrez à sentir sa présence même sans être en mode Zen, n'importe quand, dès lors que vous l'appellerez intérieurement.

Décrivez votre Mère universelle

Décrivez-la. À quoi ressemble-t-elle ?

....

....

....

....

....

Comment percevez-vous son rayonnement ?

....

....

....

....

....

Notez l'aide que vous avez perçue : mots, idées, pensées, sensations.

....

....

....

....

....

Augmentez votre confiance en vous : la réussite activée

On se souvient souvent plus facilement d'événements négatifs survenus dans le passé que d'événements positifs. Tout simplement parce que le négatif marque. Mais nous avons tous en nous des trésors de ressources positives que nous laissons en sommeil ou que nous oublions. Il est temps de les réveiller : vous en aurez besoin pendant votre grossesse et pour votre accouchement.

Lors de la prochaine visualisation, je vous propose de revivre une réussite du passé et de vous en imprégner pour que votre inconscient réactive toutes les belles sensations et émotions que vous aviez vécues alors. Tout ce qui s'était inscrit en vous dans ces moments que vous avez parfois oubliés.

Le but est de retrouver toutes les informations qui concernent un souvenir particulier d'assurance. Votre corps a gardé la mémoire de tout le positif, le revivre est extrêmement bénéfique car votre inconscient cherchera à reproduire ces émotions, et vous guidera ainsi vers d'autres moments de réussite. Votre assurance grandira sans même que vous en ayez conscience. Plus vous répéterez cet exercice (vous pouvez même le faire tous les soirs avant de vous endormir !) et plus vous sentirez l'assurance grandir en vous. Peut-être que ce sera la même réussite qui vous viendra en tête, ou bien une autre. Peu importe. L'important est de vibrer positivement pour vous imprégner de tout ce qui vous donne confiance en vous.

Il est possible que vous ne visualisiez pas totalement la scène, mais juste une partie. Par exemple, un passage que vous appréciez plus particulièrement. C'est très bien aussi. Rappelez-vous également que, selon vos codes sensoriels, vous aurez peut-être plus tendance à ressentir un souvenir qu'à le visualiser. Ou peut-être le verrez-vous en « flou ». Tant que ce que vous rêvez est plaisant, continuez en vous faisant confiance. Plus vous répéterez ce type d'exercice, plus ce sera facile.

Attention, il est impératif que le souvenir soit positif. Si jamais un souvenir négatif s'introduit sournoisement pour prendre la place d'une réussite, revenez ici et maintenant sans revivre l'expérience négative. Pour vous défaire de ce qui vous gêne, vous avez d'autres visualisations dans le chapitre précédent.

Même si vous vous sentez déjà assez sûre de vous, pratiquer cette visualisation est intéressant, car elle permet d'activer pleinement vos capacités de réussite, ce qui vous sera très utile le jour J !

À vous

Prenez le temps de vous mettre en mode Zen et puis...

Imaginez qu'un ange vient tout près de vous. Il est peut-être tout blanc avec de grandes ailes toutes douces. Sentez sa chaleur, sa douceur et surtout son rayonnement d'amour et de légèreté. Quand vous vous sentirez prête, demandez-lui de vous guider vers un souvenir de réussite. Alors l'ange vous prendra dans ses bras ou vous installera sur son dos pour s'envoler.

Sentez que ce voyage est merveilleux, que vous volez à travers le temps et l'espace. Prenez le temps de savourer ce moment sans même savoir où votre ange vous guide. Lui seul sait ce que votre inconscient lui conseille. Laissez-vous porter vers un succès passé.

Peut-être que c'est une réussite très récente (ce matin, la semaine dernière...) ou ancienne (il y a un an, il y a vingt ans...) peu importe la période, l'inconscient se fiche du temps, l'essentiel est de demander à votre inconscient de vous guider vers un moment d'assurance parmi tous les moments de réussite que vous avez connus.

Et vous en avez connu beaucoup ! Rien que de venir au monde est une réussite : une force vous a guidée pour arriver jusque-là. Vous êtes arrivée, unique. Et puis, petite, vous avez réussi à parler, à avancer un pied devant l'autre puis à lire, à écrire. Plus tard, une rencontre, un diplôme... Bref, des milliers de réussites sont stockées là en vous, comme des trésors. Vous avez engrangé une foule d'apprentissages réussis et de capacités sans vous en rendre compte.

Votre ange sait très bien vers quelle réussite il souhaite vous guider. Faites-lui confiance : il est en lien avec tous vos codes inconscients. Il va vous apporter un souvenir récent ou ancien. Ce sera peut-être une réussite physique, un moment où vous vous êtes dépassée pour gagner une course ou simplement pour prendre votre train à temps. Ou bien une réussite intellectuelle, un examen réussi après avoir tant travaillé, vous étiez récompensée. Une réussite relationnelle, comme la rencontre d'un ami qui vous est cher, du père de votre bébé.

Quand il aura trouvé, votre ange vous déposera en plein cœur de ce souvenir. Vous allez reconnaître l'endroit, les mots que vous entendiez, ce que vous pensiez et surtout toutes vos émotions. Ne jugez pas le souvenir (parfois on se dit « Oh mais il doit y avoir mieux, ça, c'est une toute petite réussite ! »), rappelez-vous que les codes inconscients sont différents de vos codes mentaux... Une toute petite réussite peut avoir été enregistrée comme quelque chose de fabuleux par votre inconscient... Et puis, il est possible que votre ange ait envie de vous faire revivre une autre ressource que vous aviez laissé tomber ou remisée aux oubliettes !

Une fois dans ce souvenir, prenez plaisir à revivre dans les détails la situation vécue, avec toutes les sensations qui ont été enregistrées à ce moment-là. Peut-être même qu'il y aura des éléments que vous aviez oubliés, c'est très bien. Accueillez-les. L'inconscient garde tout en mémoire et comme il n'a ni temps ni espace, prenez plaisir à revivre ce moment du passé comme s'il était actuel, bien présent. C'est un présent du passé qui devient présent.

Quand vous avez entièrement revécu ce moment, demandez à votre ange de continuer de le faire vivre en vous pour que votre aptitude à réussir et votre assurance grandissent encore au fil des semaines.

Vous revenez ici et maintenant sur les ailes ou dans les bras de votre ange en gardant précieusement en vous toutes les vibrations de cette réussite.

Une fois déposée dans l'ici et maintenant, remerciez votre ange et savourez la réussite que vous avez rapportée en vous et qui va continuer de grandir.

_ Votre réussite en quelques mots _

Quelle réussite vous est venue en tête ?

....

Comment avez-vous fait pour réussir ?

....

....

Vos ressources de réussite : notez les capacités physiques et intellectuelles qui vous aident à réussir.

....

....

....

Votre symbole réussite : en fermant les yeux et sans réfléchir, imaginez l'image positive qui symbolise le succès. Puis rouvrez les yeux et inscrivez ce que vous avez perçu (ou dessinez-le). Faites-y appel régulièrement.

....

....

....

Notez ici les autres souvenirs de réussites qui vous sont venus par la suite.

....

....

....

Programmez un événement heureux : le pont du futur

Cet exercice, souvent employé en hypnose, est similaire aux exercices basés sur la loi d'attraction : vous programmez dans un futur proche un événement que vous désirez fortement en imaginant que vous vivez vraiment ce moment comme s'il était en train de se dérouler dans le présent. Votre inconscient pense alors avoir déjà vécu cet événement et l'installe dans le temps futur en accord avec vos désirs.

Il ne suffit pas d'« imaginer », il faut « vivre » cet événement futur, que vous désirez tant, comme s'il était vraiment réalisé. C'est beaucoup plus efficace, car ce sont ces vibrations, ces émotions positives que votre inconscient connectera comme étant vraiment essentielles pour vous. Pourquoi installer un événement qui ne vous apporte pas vraiment quelque chose ? L'inconscient, en bon allié, installera la situation que vous désirez vraiment au fond de vous, en accord avec ce qui est vraiment bon pour vous.

Vous vivrez à ce moment un partage tellement positif que ces émotions seront déjà inscrites en vous et qu'elles feront appel à toutes vos ressources les plus positives. Ne vous privez pas d'un tel plaisir !

Le scénario que je vous propose dans cet exercice est celui du retour à la maison avec votre bébé. Si vous accouchez chez vous, c'est peut-être juste après l'accouchement ou le lendemain ou lorsque la famille est au complet. Si vous accouchez à la maternité ou en maison de naissance, vous pouvez vivre l'accueil de votre bébé juste après l'accouchement ou à votre retour à la maison.

Mais vous pouvez également choisir de réaliser cette futurisation avec un autre moment que vous souhaitez vivre dans un avenir proche. Par exemple, cela peut être lors du premier anniversaire de votre bébé (des ballons d'anniversaire, un gâteau avec une bougie, votre famille réunie, les rires, les bisous, etc.). D'ailleurs, vous pouvez vous amuser à créer plusieurs événements futurs (l'un juste après l'accouchement, un autre en famille plus tard, etc.).

Rappelez-vous que toutes les émotions positives qui résonnent vous guident vers encore plus de positif ! L'important est de vivre un film intérieur dans lequel votre inconscient décodera que votre enfant dans ce futur proche est en pleine forme, près de vous, témoignant que la naissance s'est bien déroulée.

À vous

Prenez le temps de vous mettre en mode Lieu ressources et puis…

Savourez ces instants. Sentez cet endroit reposant. Vous savez que dans ce lieu vous êtes en lien avec votre partie inconsciente, celle qui vous aide à vivre pleinement toute cette période et qui va maintenant vous aider à programmer dans le futur un très beau moment témoignant que votre enfant est venu au monde et qu'il est en pleine forme.

Laissez vos pas vous guider vers un pont (il est comme vous le souhaitez : en bois, en fleurs, en lumière, en fer, en pierre…). C'est votre pont du futur, tel que votre inconscient le conçoit. Peut-être qu'il est très long, ou très court. S'il est court vous voyez déjà que de l'autre côté du pont il y a une porte à ouvrir. Prenez une bonne respiration, puis faites un premier pas sur le pont du futur. Sentez qu'il est assez solide pour vous. Juste comme il faut. Si vous avez besoin de vous tenir, vous vous apercevez qu'il y a une rampe juste à la bonne hauteur. Et maintenant, avancez sur votre pont du futur, le cœur léger et déjà joyeuse de vous retrouver après l'accouchement avec votre bébé dans les bras. Peut-être avez-vous envie de compter les pas qui vous rapprochent de la porte du futur ou peut-être que vous préférez courir. Faites ce qui vous vient à l'esprit tout simplement.

Puis, dès que vous vous retrouvez au bout du pont, devant la porte, pensez que dans quelques secondes vous allez vivre ce moment du futur que vous désirez tant : la rencontre avec votre bébé. Peut-être chez vous, peut-être à la maternité ou bien chez des amis ou chez vos parents. Dans cette scène future, votre enfant peut avoir un jour, un mois, un an... Vous avez hâte de le retrouver. Alors, quand vous vous sentirez prête, prenez une profonde inspiration et mentalement comptez jusque'à trois. Vous ouvrez la porte et vous vous retrouvez là tout près de votre bébé qui dort à côté de vous ou qui est dans vos bras (vous pouvez sentir son odeur, sentir sa chaleur, sa peau toute douce). S'il est dans un berceau, vous vous approchez et le caressez, vous pouvez sentir son souffle. Voyez si votre compagnon est là, près de vous. Regardez s'il y a d'autres personnes.

Prenez le temps de sentir votre fierté de maman. De vibrer de toute cette fierté. De vous sentir remplie de cette joie d'être mère. Vous savez que tout s'est bien passé lors de l'accouchement, comme cela devait se passer. Que vous avez gardé le lien avec votre tout-petit car ce lien était bien installé. Sentez votre cœur bondir de joie. Félicitez-vous !

Vous n'avez pas besoin de réellement voir concrètement à quoi ressemble votre bébé. Le langage intérieur est « artistique ». Percevez plutôt toutes les sensations positives : son contact, la douceur de sa peau, l'amour qui se dégage de toute cette scène et puis le bonheur d'être maman...

Prenez le temps de vivre tout cela en sachant que vous programmez ces moments. Puis, quand c'est le moment, chuchotez à l'oreille de votre enfant que vous allez le retrouver très bientôt avec joie. Embrassez-le et laissez-le dormir paisiblement.

Reprenez le pont du futur pour vous retrouver à nouveau dans votre Lieu ressources. Savourez tout ce que vous avez vécu puis décidez, lors d'une profonde respiration, qu'il est temps de revenir dans l'ici et maintenant. Prenez le temps de bien revenir, comme si vous vous envoliez pour retourner dans le temps présent avec un formidable sentiment de paix intérieure et de confiance en vos capacités à être mère.

Qu'avez-vous programmé de positif dans votre futur proche ?

Comment est votre pont du futur ? sa matière ? sa couleur ?

....

....

....

Quel événement heureux avez-vous vécu ?

....

....

....

Qu'avez-vous ressenti ?

....

....

....

Indiquez les différents moments positifs que vous avez vécus en renouvelant cet exercice.

....

....

....

....

....

....

CHAPITRE 4

Apaisez vos bobos de grossesse

Dans ce chapitre, nous traiterons uniquement des problèmes physiologiques courants lors de la grossesse. Il est possible qu'au moment d'aborder ce chapitre vous ne vous sentiez pas concernée et c'est tant mieux. C'est le signe que vous vous portez à merveille. N'hésitez pas à vous y replonger si à un autre moment vous en ressentez le besoin. Ce sont des exercices faciles à utiliser par toutes les futures mamans et qui concernent le bien-être. Selon les bobos que vous rencontrerez au cours de votre grossesse, vous piocherez à l'envi la visualisation dont vous avez besoin et dont les effets s'associent aux éventuels soins prodigués par votre médecin.

Votre col de l'utérus bien fermé : le pagne magique

Une fois que vous êtes enceinte, le col de votre utérus est fermé. Et il est essentiel qu'il le reste pendant toute la grossesse, garantissant que votre bébé est bien contenu.

Lors de mes recherches pour mon livre *Venir au monde*, j'ai noté que les futures mamans de certaines communautés africaines renforcent cette protection par un geste simple : elles ferment un bout de leur pagne par un nœud témoignant qu'elles ferment activement leur ventre contre toute intrusion de sorcier ou autre mauvais sort. C'est un moyen symbolique actif qui permet à ces futures mamans d'imaginer que leur bébé restera paisiblement dans leur matrice jusqu'au jour de l'accouchement, quand ce sera l'heure pour lui de sortir.

Ce rituel m'a donné l'idée de la prochaine visualisation. Vous pouvez la faire dès le début de la grossesse pour vous assurer que votre bébé reste bien au chaud dans votre ventre. Cet exercice se révélera également très utile si votre sage-femme vous alerte que le col s'est prématurément ouvert et qu'il vous faut rester alitée. Vous accompagnerez ainsi les soins qu'elle vous prodiguera.

À vous

Prenez le temps de vous mettre en mode Zen et puis…

Imaginez que vous portez une robe (ou une jupe ou une tunique longue). Voyez quelle est sa couleur, sa texture. C'est votre robe de grossesse. Sentez que vous êtes bien dedans. Peut-être que votre inconscient a choisi une robe de princesse travaillée dans une étoffe douce et vaporeuse. Ou peut-être que très naturellement vous adoptez l'un de vos vêtements dans lequel vous vous sentez bien habituellement et qui est assez ample pour être porté pendant les mois à venir. L'essentiel est de vous sentir à l'aise.

Puis vous pensez à votre tout-petit qui est là au chaud dans votre ventre. Vous pouvez l'imaginer baignant dans le liquide amniotique, se laissant porter par les mouvements de votre corps.

Ensuite, quand vous sentirez que c'est le moment, vous prendrez une profonde respiration et vous ferez un nœud à un bout de votre vêtement virtuel, en serrant bien fort. Et en serrant, pensez bien que ce lien permet de préserver votre bébé au chaud tout le temps qu'il faut. Votre inconscient comprend votre geste et ce qu'il symbolise sans même que vous ayez à lui expliquer ce que cela représente.

Votre inconscient saura dénouer le nœud quand ce sera l'heure pour votre bébé de venir au monde. Entre-temps, et à chaque fois que vous ferez un exercice de visualisation, vous pourrez ressentir que vous portez toujours ce vêtement dans lequel vous êtes à l'aise. Et, si vous en avez besoin, resserrez les liens.

Vous revenez ensuite ici et maintenant avec la même sensation d'activer tout ce qui est bon pour votre bébé et qu'il est blotti dans votre ventre, à l'abri, bien protégé.

Si vous le souhaitez, vous pouvez aussi effectuer réellement ce geste de fermeture en serrant consciemment le lien d'un objet qui vous appartient (foulard, mouchoir, collier...). En refaisant le geste à chaque fois, c'est comme si vous activiez encore plus la fermeture de l'utérus pour bien préserver votre bébé *in utero*.

Apaisez les nausées : la palette de goûts

Les nausées et vomissements sont courants chez les femmes enceintes, surtout lors du premier trimestre. La plupart du temps, ils s'arrêtent lors du troisième mois de grossesse. Si vous souffrez de vomissements, je vous propose de les apaiser grâce à cet exercice qui s'effectue en mode Zen. Bien entendu, comme toute pratique, plus vous la répétez, plus elle est efficace…

À vous

Prenez le temps de vous mettre en mode Zen et puis…

Imaginez un fruit ou un chewing-gum, un bonbon à la menthe ou encore le parfum frais du dentifrice sur votre brosse à dents. La première chose que vous avez envie de sentir, goûter, un bon goût qui vous vient à l'esprit comme cela, sans réfléchir. Et c'est peut-être un goût différent de ce que vous auriez aimé avant d'être enceinte, car quand on est enceinte, on ressent les odeurs et les goûts différemment.

Au départ, prenez le temps de regarder, puis de sentir. Par exemple, si c'est une orange, imaginez d'abord que vous l'épluchez. Ensuite, distinguez l'odeur du zeste puis celle d'un quartier de votre orange. Puis, quand vous le souhaitez, vous mettez ce goût dans la bouche. Si une autre saveur encore meilleure vous vient subitement à l'esprit, adoptez celle que vous préférez. Sentez que c'est vraiment le goût que vous aimez avoir dans la bouche. Savourez même ! Et pendant que vous savourez, demandez à votre inconscient de mettre ce goût-là dans votre bouche pour remplacer le goût désagréable des nausées. Votre inconscient se souviendra de tous les détails de ce bon goût et il le mettra dans votre bouche dès qu'un début de nausée arrivera.

Vous revenez ensuite ici et maintenant avec ce même bon goût dans la bouche que vous gardez le temps que vous souhaitez.

À chaque fois que vous songerez à ce goût très agréable, vous renforcerez la sensation de saveur agréable. Vous pourrez vous amuser à la faire durer un peu plus longtemps à chaque fois.

Mangez juste comme il faut : le geste stop-nourriture

Nos grands-mères avaient l'habitude de dire aux femmes enceintes qu'il fallait « manger pour deux ». De nos jours, on sait qu'il est préférable de manger de la bonne nourriture en quantité raisonnable. Trois repas équilibrés suffisent pour que votre bébé puise tout ce dont il a besoin. Peut-être que c'est votre cas, et alors tout est parfait.

Mais si vous avez observé que vous mangez bien plus que de raison et/ou que vous avez tendance à avaler trop d'aliments gras ou sucrés, il serait bon de demander à votre inconscient le geste qui vous permettra de manger juste à votre faim, sans plus. Je vous suggère cet exercice qui vous servira également après la naissance pour être en forme physiquement et vous sentir bien dans votre peau.

Le geste « stop nourriture » ne doit pas être imaginé avant d'être en mode Zen. Car c'est votre inconscient qui choisit le bon geste, un geste simple que vous pourrez faire n'importe où, chez vous, au restaurant, chez des amis… Ce geste rappellera à votre inconscient qu'il est temps d'arrêter de manger. Plus vous répéterez ce geste dans différentes occasions, plus il sera efficace.

Pour encore plus d'efficacité, je vous suggère d'appeler votre Mère universelle pour qu'elle vous montre le bon geste, celui qui sera le meilleur pour vous. Elle est en lien direct avec votre inconscient, ce sera donc plus facile et plus rapide. De plus, elle pourra continuer à gérer votre rapport alimentaire sans que vous ayez besoin de vous en soucier.

À vous

Prenez le temps de vous mettre en mode Zen et puis...

Je vous propose d'appeler votre Mère universelle (voir page 111). Expliquez-lui ce que vous souhaitez en vous rappelant qu'elle vous connaît déjà très bien, qu'elle est en lien direct avec votre inconscient, qu'elle détient toutes les informations qui concernent aussi votre rapport à la nourriture et à vos émotions. Écoutez ce qu'elle vous dit. Si elle pense que vous n'avez pas besoin de geste stop-nourriture, remerciez-la et revenez tranquille et apaisée dans l'ici et maintenant. Si elle trouve que vous mangez trop, ou pas assez sainement, elle vous signale ce qu'il serait préférable de modifier. Elle prend le temps de connaître toutes les informations concernant le problème de nourriture, même les informations inconscientes auxquelles vous n'avez pas encore accès.

Puis, quand elle est prête, elle vous montre le geste stop-nourriture. C'est en général un geste simple, qui vous est naturel et que vous pourrez faire n'importe où et n'importe quand (passez la main droite dans les cheveux, prendre une respiration profonde, fermer le poing gauche, etc.). Dès qu'elle vous le montre, refaites ce geste devant elle, signifiant que vous avez bien compris. Votre Mère universelle sait que, lorsque vous réalisez ce geste, vous faites plus que modifier votre rapport alimentaire. Car ce geste contient aussi les raisons inconscientes qui vous poussaient à manger trop, ou trop gras ou trop sucré. Toutes ces raisons qui sont désormais concentrées dans votre geste au lieu d'être dans votre besoin de nourriture.

Remerciez votre Mère universelle pour son soutien et tout ce qu'elle fait pour vous, et demandez-lui de continuer à trouver de bonnes solutions pour vous aider à vivre le plus sainement possible cette grossesse.

Puis revenez ici et maintenant, prête à utiliser votre geste stop-nourriture à chaque repas et même entre les repas avant qu'une envie de fringale s'installe. Ce geste stop-nourriture est actif à chaque fois que vous pensez à l'utiliser. Vous aurez aussi parfois la surprise de le faire sans même y penser dès le moment où il sera bien intégré au niveau inconscient.

Vous pourrez constater au fil des jours que vous mangez de façon différente, juste comme il faut, la nourriture suffisante pour vous et votre bébé et que vous avez tendance à avoir de plus en plus envie de légumes et de fruits.

Décrivez votre geste stop-nourriture

Quel est votre geste stop-nourriture ?

....

....

....

....

Quel impact positif ce geste a-t-il sur votre façon de vous nourrir ?

....

....

....

....

Soulagez vos brûlures d'estomac : le patch antidouleur

Les remontées gastriques sont relativement courantes pendant la grossesse et particulièrement lors du troisième trimestre. Elles sont sources de fatigue et de mauvais sommeil, aussi est-il profitable de prendre de bonnes habitudes dès le début de la grossesse : manger doucement en quantités raisonnables pour l'estomac et vous coucher en plaçant votre oreiller légèrement en hauteur.

Si malgré tout des remontées gastriques vous perturbent encore, vous pourrez parfaitement contrôler votre corps en apaisant ces brûlures grâce à l'exercice de visualisation que je vous propose. Amusez-vous à fabriquer un patch antidouleur gastrique en y associant une sensation de fraîcheur. Pour plus de facilité, installez cette aide en étant en mode Zen.

Par la suite, il vous suffira de visualiser le patch tel que vous l'avez perçu et de vous rappeler la sensation de fraîcheur pour que votre inconscient accomplisse la transformation bénéfique.

À vous

Prenez le temps de vous mettre en mode Zen et puis...

Imaginez votre patch antibrûlure gastrique : sa forme, sa couleur. Peut-être qu'il faut défaire un papier pour sentir la fraîcheur du patch. Quand ce patch est prêt, sentez qu'il est exactement à la température nécessaire pour refroidir n'importe quelle partie du corps qui en a besoin. Puis, posez ce patch exactement là où vous en avez besoin. Sentez la fraîcheur ou le froid du patch qui se diffuse dans votre corps exactement là où il faut.

Maintenant, visualisez l'air que vous respirez en imaginant qu'il est très frais, voire glacé, en train de tout rafraîchir sur son passage : dans la gorge, dans la poitrine, dans l'estomac et éteindre toutes les brûlures dans votre corps. À chaque respiration, vous augmentez la sensation d'apaisement. Et toutes les brûlures disparaissent totalement et rapidement.

Et cela fait du bien de sentir le corps se relâcher à cet endroit. Et quand vous sentez que le produit est terminé, mettez un autre patch. Au même endroit ou à un autre endroit, là où vous désirez sentir l'apaisement.

Ces patchs sont produits par votre inconscient qui sait exactement ce qu'il faut mettre comme produit dedans. Un produit pur et bon pour vous. Le stock de patchs est inépuisable. Vous pouvez en utiliser autant que vous voulez. Votre inconscient se rappellera cette sensation agréable qu'il diffusera même sans que vous ayez besoin de faire d'effort et parfois même avant que vous ayez conscience de la présence d'une remontée gastrique.

Débloquez vos crampes nocturnes : la boule aimantée

Pour les femmes souffrant de crampes nocturnes dans les mollets, voici une visualisation pour vous aider à les débloquer. Cette visualisation sera encore plus facile à réaliser la nuit si vous vous êtes déjà bien entraînée à activer le mode Zen.

À vous

La nuit, lorsqu'une crampe arrive, rassemblez toute la douleur en une boule aimantée qui attire et concentre la douleur des crampes. Voyez de quelle couleur est cette boule aimantée (rouge ? jaune ? grise ? noire ?). Une fois que la boule aimantée a attiré toute la douleur de la crampe, imaginez que vous prenez cette boule dans une main et que vous la lancez très loin. Le plus loin possible. Sentez l'apaisement retrouvé dans la jambe.

Le même apaisement que celui que vous avez quand vous êtes en mode Zen. Les muscles bien relâchés. Exactement ce même apaisement qui sera le même toutes les nuits. Les muscles des mollets seront totalement relâchés. Votre partie inconsciente enregistre tout cet apaisement qu'il y a maintenant dans vos jambes pour restituer cette plénitude à votre corps quand vous êtes dans votre lit.

Vous pourrez utiliser cette méthode n'importe quand, n'importe où et pour n'importe quelle autre douleur.

Évacuez fatigue et tensions : la cascade de bien-être

Si vous souhaitez évacuer la fatigue physique de fin de journée ou bien un souci qui vous occupe l'esprit, je vous propose cet exercice que les futures mamans adorent et qui peut être réalisé n'importe où, n'importe quand.

Cette cascade de bien-être vous permettra de récupérer de l'énergie plus facilement, de vous sentir en pleine forme tout en vous délestant des petits ennuis qui jusque-là grignotaient votre énergie. Prenez plaisir à vous placer sous votre cascade pour que votre inconscient draine le stress et vous insuffle une nouvelle énergie.

Cette visualisation peut être pratiquée par votre compagnon également. Proposez-la-lui si vous sentez qu'il est fatigué ou tracassé. Et puis, tous les deux, vous pourrez renouveler cette expérience autant que vous le souhaiterez. Vous habituer à réaliser cette cascade vous permettra de mieux récupérer aussi après la naissance de votre enfant !

À vous

Prenez le temps de vous mettre en mode Lieu ressources et puis...

Imaginez que vos pas vous guident vers une très belle cascade. Il fait chaud et bon, juste comme vous le désirez. La température idéale. Si vous le souhaitez, vous pouvez tendre l'oreille pour entendre le bruit de l'eau qui coule. C'est un son reposant. L'eau qui coule, claire, limpide. Elle vient de très haut après avoir puisé toute la force de la nature.

Comme il fait chaud, vous avez l'envie irrésistible de vous glisser dessous. Et c'est très bon pour vous. Car cette cascade possède un atout majeur : elle nettoie tous vos soucis, tous vos tracas, toutes les tensions physiques et psychiques et les emporte loin de vous.

Toutes vos tensions glissent et se détachent de vous pour vous alléger. Il est possible que vous parveniez à voir ce qui se détache car les tensions prennent parfois l'apparence de taches colorées ou de petites pierres qui s'écoulent loin de vous emportées par l'eau. Ou d'autres formes. Parfois rien n'est visible, comme si le nettoyage intérieur devait se dérouler de façon souterraine, et uniquement au niveau inconscient. Et c'est très bien aussi. Laissez votre inconscient choisir ce qu'il y a de plus simple et de plus limpide pour vous. L'essentiel est que vous vous sentiez de plus en plus légère. Libérée de ces tensions maintenant. Tout est si léger, agréable. L'eau coule comme la vie qui poursuit son chemin sans entrave, sans lourdeur. Tout est si léger...

Vous restez sous cette cascade le temps que vous souhaitez. Dès que vous vous sentez légère et que l'eau est claire et limpide, c'est le signal que la cascade a bien évacué les tensions. Vous pouvez alors en sortir pour vous réchauffer au soleil à l'endroit qui vous plaira. Sur une pierre chaude, dans un hamac, sur l'herbe, dans un transat.

Prenez le temps de savourer cette énergie douce et vivifiante avant de revenir dans le temps présent en gardant bien en vous cette sensation de légèreté.

Récupérez pendant votre sommeil : mode super-dodo

On le sait, il arrive que les futures mamans connaissent des problèmes d'endormissement. Elles se réveillent plusieurs fois par nuit, n'arrivent plus à se rendormir, ce qui les fatigue énormément. Afin de bien dormir, je vous propose de demander à votre inconscient de s'occuper de vos nuits.

À vous

Prenez le temps de vous mettre en mode Zen et puis...

Sentez le calme et prenez le temps de percevoir à quel point tous vos muscles sont bien détendus. Vous êtes calme, totalement apaisée. Tout va bien. Tout votre corps se repose tranquillement. Et votre partie inconsciente enregistre tout cet apaisement. Apaisement de votre corps et de votre esprit.

Alors, une fois que tout votre corps est bien relâché, profitez de ce moment de plénitude pour demander à votre inconscient de restituer tout ce bien-être à votre corps quand vous êtes dans votre lit. En suggérant : « Dès que ma tête touche l'oreiller de mon lit (ou le matelas si vous dormez sans oreiller), je ressentirai ce même calme, cette même tranquillité afin que tout mon corps se repose totalement tout le temps nécessaire pour bien récupérer. » Si vous le souhaitez, vous pouvez prononcer cette phrase une seconde fois pour que votre inconscient l'intègre bien. Parfois, répéter permet de bien ancrer…

Imaginez ensuite que vous êtes dans votre lit, tout à l'heure ou ce soir ou demain soir. Peut-être que vous pouvez imaginer l'heure qu'il est. L'heure à laquelle vous avez envie d'aller vous coucher. Puis, toujours en imaginant cette soirée à venir, observez votre oreiller, vous le placez comme vous souhaitez pour être installée au mieux une fois allongée. Et puis, en vous allongeant, rien qu'en posant votre tête sur votre oreiller, sentez l'apaisement venir dans tout votre corps. Vous êtes bien relâchée, prête à faire une bonne nuit.

Percevez que, rien qu'en posant votre tête sur l'oreiller dans une certaine position, vous parvenez à profiter pleinement de votre nuit pour vous relaxer et dormir de plus en plus profondément au fur et à mesure que la nuit se poursuit. Un bon sommeil jusqu'au moment de se lever. Si vous devez vous relever la nuit, vous pourrez le faire et vous rendormir ensuite très facilement et rapidement dès que votre tête sera posée sur l'oreiller (ou le matelas). Corps calme. Esprit apaisé. Vous vous réveillez à l'heure désirée le lendemain matin, en pleine forme, avec cette sensation d'avoir bien dormi, d'avoir bien récupéré.

Une fois que vous avez vécu en quelques secondes cette nuit de bon sommeil réparateur, vous revenez en pleine forme ici et maintenant (ou bien vous continuez votre nuit si vous réalisez cette visualisation le soir au moment du coucher...).

Vous vous apercevrez que vous serez bien apaisée chaque nuit, dès le moment où votre tête touchera l'oreiller, comme un déclic inconscient qui est enregistré maintenant. La tête posée sur votre oreiller disposée d'une certaine façon sonne l'heure pour votre corps de bien se reposer.

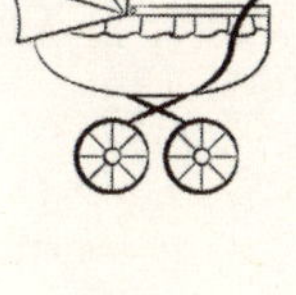

CHAPITRE 5

Apprivoisez la douleur

Trop d'interventions techniques

Les interventions sont devenues de plus en plus courantes en salle de travail. Les gestes techniques et la technologie font partie des protocoles bien huilés, reléguant le ressenti humain aux oubliettes. Lorsque je travaillais en maternité, j'observais les sages-femmes entrer dans la salle d'accouchement. Elles regardaient en premier les indicateurs des différents appareils et en dernier le regard des femmes avant de lancer un « tout va bien » et de quitter la pièce. Or justement tout n'allait pas toujours bien pour ces femmes. Pour le savoir, il fallait, comme je le faisais, être à leurs côtés et écouter leurs tensions et les aider à les évacuer.

En peu d'années, les chiffres des épisiotomies, péridurales, déclenchements de confort, césariennes, injection d'ocytocine de synthèse ont augmenté à une vitesse vertigineuse. De nouvelles habitudes auxquelles s'accrochent les équipes dont les peurs sont grandes en salle de naissance. L'idée qu'un geste technique est préférable a même gagné les futures mamans qui souhaitent « plus de sécurité ». Alors qu'on peut s'interroger sur l'efficacité de tant de technologie.

À titre d'exemple, citons les déclenchements de confort, pouvant aller jusqu'à soixante pour cent dans certaines maternités. Ils ne sont malheureusement pas toujours réalisés en accord avec ce que la nature a prédit. Et un col qui résiste, c'est la césarienne assurée.

Les gestes techniques s'enchaînent. La péridurale affaiblissant les contractions, on ajoute une intraveineuse d'ocytocine de synthèse qui permettra d'accélérer le travail. Et, pour s'assurer que tout va bien, la future maman sera attachée à un tensiomètre automatique et à un monitoring.

Comment ces pratiques interventionnistes – y compris celle qui consiste à allonger la future maman sur le dos, dont chacun admet que c'est la pire des positions pour accoucher – sont-elles devenues des pratiques de routine ?

Parce qu'il s'est insidieusement infiltré dans notre inconscient collectif que les interventions permettaient de mieux contrôler les éventuelles défaillances d'un acte naturel.

Reliez-vous à votre savoir intuitif

Il est décevant de constater qu'on ne tient pas assez compte des ressources des femmes enceintes pour assurer un bon accouchement. Lorsque les équipes médicales insistent pour activer leurs interventions en affirmant « nous savons faire, ne vous en faites pas, c'est pour votre bien, etc. », elles restreignent la confiance des futures mamans qui deviennent spectatrices de leur accouchement. C'est bien dommage car ces médecins se privent d'une aide précieuse. En effet, les futures mamans ayant été formées à l'HypnoNatal m'ont régulièrement apporté la preuve que le fait d'être mieux à l'écoute de leurs propres ressentis et d'avoir amplifié la confiance en soi et en leurs capacités à être mères leur avait permis de vivre pleinement et sereinement leur accouchement.

ACTIVEZ VOS ANTISTRESS

Diminuer le stress est essentiel lors de la naissance car, lorsque vous êtes tendue, sans le vouloir, vous contractez les muscles et contrariez ainsi l'ouverture du col de l'utérus qui nécessite plutôt un lâcher-prise. Vous « retenez » votre bébé tout en vous bombardant d'adrénaline, ce qui génère encore plus de tension. En effet, la plupart du temps, lors de la naissance, la future maman réagit avec angoisse aux premières contractions : elle se tend, ce qui renforce la tension musculaire et la douleur, et ainsi de suite.

Comment sortir de cette spirale ? Bien entendu, il n'est pas question d'éliminer totalement le stress car il a une fonction importante : il prévient qu'un grand moment arrive et monopolise toute l'attention vers cet instant. Ce qu'il faut en revanche, c'est réduire toutes les peurs excessives et poser un cadre de confiance en soi et en la personne qui accompagne. L'idéal serait un climat de confiance dans un cadre rassurant. Ce qui est rare, sauf lorsqu'on accouche en maison de naissance ou chez soi avec une sage-femme que l'on a choisie et que l'on a appris à connaître. Si ce n'est pas votre cas, alors votre Lieu ressources vous sera d'une grande aide. Vous y trouverez le calme et la sécurité dont vous avez besoin lors de l'accouchement.

Diminuer le stress est possible également en prenant une part active de contrôle face aux sensations de douleur. Les études prouvent que le fait de savoir que l'on peut contrôler un événement que l'on appréhende réduit considérablement le stress. Même si ce sentiment de contrôle est imaginaire. L'exercice de visualisation « Votre appareil de contrôle » repose sur ces recherches. Vous apprendrez à être active face aux sensations des contractions utérines, ce qui produira une détente qui aidera la bonne marche de votre accouchement.

LIBÉREZ VOS OPIACÉS NATURELS !

Grâce aux exercices de visualisation et de détente, la future maman aide à la naissance de son bébé qui descend dans la matrice. Ces exercices s'appuient sur le phénomène de relâchement utérin. Vous serez aidée si vous trouvez une maternité qui ne vous « attache » pas à la table de travail et qui vous laisse libre de marcher ou de vous tenir dans une position verticale, ce qui aidera grandement votre bébé à trouver la sortie. De plus, quand vous êtes en mode Zen, votre cerveau libère naturellement des molécules proches de la morphine appelées endorphines. Cet analgésique naturel aide aux contractions utérines et joue un rôle fondamental dans le lien mère-enfant.

Modifiez vos croyances

Enfin, il serait profitable de modifier vos croyances relatives aux contractions utérines. Souvent mal jugées et appréhendées avec peur, elles sont considérées comme des ennemies à éradiquer. Parfois on entend les mamans se plaindre de travail ayant duré « des heures ». Ce qui peut faire peur quand on va bientôt accoucher.

En fait, il faut savoir qu'une contraction dure environ une minute. Et une minute, c'est le cycle total de la contraction (la montée, le pic et la descente). Lorsque j'aborde la séance antidouleur avec mes patientes, je leur dessine la courbe d'une contraction. Elles comprennent très vite que le pic ne peut durer que quelques secondes. Et surtout que, avant une autre contraction, il y a un long temps de repos allant de trois à cinq minutes. Un temps de repos que la nature a mis en place pour que la future maman ait le temps de respirer et reprendre de l'énergie avant la contraction suivante.

Mais celles qui ont enduré « des heures » de douleur ont fait des sauts de puce de pic en pic.

À chaque pic de contraction, elles se sont projetées sur le pic suivant en l'appréhendant avec angoisse. Elles sont restées figées dans le même état de stress au lieu de profiter des pauses entre deux contractions pour récupérer. Vous qui vous êtes entraînée à communiquer avec votre inconscient en lui adressant des messages positifs, vous saurez dans ces moments de pause utiliser les puissants symboles que vous avez engrangés au fil des semaines.

Et puis, en terme de croyance, je suggère de réhabiliter les contractions et de les considérer comme des alliées ! Vous aurez ainsi l'occasion grâce à l'exercice métaphorique qui suit de profiter de leur puissance en leur réattribuant leur rôle premier : celui de guider votre bébé pour le déposer jusque dans vos bras.

Apprivoisez vos contractions : la puissance de la mer

On l'a vu, les contractions de l'utérus sont souvent perçues comme des ennemies qui apportent leur lot de douleurs croissantes. Je vous propose de modifier cette vision en utilisant une métaphore qui inversera votre idée de la douleur au niveau inconscient en faisant de vos contractions de solides alliées énergiques.

D'ailleurs, je ne parle jamais de « douleurs de contractions » aux futures mamans. J'utilise le mot « puissance » des contractions.

Rappelons que c'est grâce aux contractions que nous avons conscience qu'un bébé arrive. Comme une sonnette d'alarme qui signifie : « Attention, c'est un moment sacré d'une importance primordiale : un petit d'homme vient au monde ! » Voilà ce que disent vos contractions lorsque le processus de naissance se met en marche. Elles permettent de mobiliser la psyché et l'énergie pour que vous soyez en alerte pendant tout le processus. De plus, c'est grâce aux contractions que votre bébé peut descendre dans la matrice et parvenir à ouvrir la voie afin de sortir de votre ventre pour se poser contre votre cœur. Plus les contractions sont puissantes, plus vite votre bébé sera dans vos bras…

Je vous suggère de vous entraîner lors de votre dernier mois de grossesse à imaginer la métaphore de la mer qui porte et fait avancer son petit bouchon. Vous rappellerez ces images symboliques au rythme de vos contractions le jour J. Au fil des contractions, vous visualiserez des vagues de plus en plus puissantes.

À vous

Prenez le temps de vous mettre en mode Lieu ressources, et puis…

Laissez-vous guider vers une belle plage. Imaginez un petit bouchon sur la mer. Un joli bouchon de liège. Il se laisse porter par la mer tandis que vous êtes sur le rivage, à le regarder flotter. Vous attendez qu'il arrive jusqu'à vous. Au début, les vagues sont si douces que ce petit bouchon fait du surplace. Il est trop loin de vous pour que vous puissiez en profiter. Quelques vagues commencent à devenir un peu plus fortes. Alors le bouchon parvient à avancer un peu, mais pas assez. Il met du temps à se rapprocher. Puis des vagues plus fortes arrivent, et il est guidé par ces vagues qui le portent. Comme par enchantement, les vagues deviennent de plus en plus puissantes, comme si elles avaient deviné que c'était le moment d'aider ce petit bouchon à avancer encore plus vers le rivage. Il faut des vagues, encore plus de vagues pour que ce bouchon atteigne le sable doux et chaud. Alors, de formidables vagues puissantes soulèvent le bouchon, le guident et c'est bien grâce à elles que, au final, le petit bouchon, ravi, vient se reposer au soleil, tout contre vous, sur le sable chaud qui l'accueille tendrement.

Modifiez votre perception de la douleur : votre appareil de contrôle

En mode Zen et en mode Lieu ressources vous êtes en état modifié de conscience, ce qui vous permet de modifier vos fonctions physiologiques. Des changements positifs s'effectuent au niveau cardiaque, respiratoire, circulatoire. La réalité également peut être ressentie différemment. Par exemple, on peut percevoir plus fortement une sensation agréable en la renforçant, ou au contraire amoindrir une sensation désagréable. On a même la capacité de transformer la réalité pour que les sens réagissent différemment. C'est le cas lorsqu'il fait froid et que l'on s'imagine sous un grand soleil : la sensation de chaleur arrive et le corps se réchauffe. On peut également anesthésier tout ou partie du corps (on ne ressent aucune sensation physique ou douleur), ou bien produire un effet analgésique (on est insensible aux sensations de douleur tout en ressentant les autres sensations physiques).

L'exercice suivant va vous permettre de modifier la perception de la douleur et de faire durer plus longtemps les moments d'apaisement et de récupération. Cet exercice vous sera profitable le jour J. Mais il est utile de bien s'exercer aux techniques d'analgésie avant l'accouchement. Tout d'abord parce qu'il est bien plus facile de s'entraîner hors situation de stress et de douleur. De plus, on le sait, la répétition est toujours profitable !

Dès que vous avez bien assimilé un des exercices d'analgésie proposés, il est intéressant de l'expérimenter réellement. Ainsi, vous pouvez essayer de contrôler la douleur avec l'aide de votre compagnon. Par exemple, une fois que vous êtes en mode Zen prête à maîtriser la douleur, vous lui dites (ou vous lui faites un signe convenu, comme un hochement de tête par exemple), et à ce moment il pose dans l'une de vos mains un cube de glace enveloppé dans du tissu (variante : pendant que vous êtes en mode Lieu ressources, votre compagnon vous informe qu'il va déposer le cube de glace dans votre main droite ou gauche ou qu'il va faire un pincement à l'intérieur du bras ou à l'intérieur de la cuisse, qui sont des zones réputées sensibles). Entraînez-vous à maîtriser la douleur avec la technique que vous aurez choisie et ainsi, au fil des jours, vous vous apercevrez que vous êtes parfaitement capable de contrôler la douleur d'une partie de votre corps.

À vous

Cette technique permet de fabriquer un appareil qui va mesurer, contrôler puis atténuer la douleur ressentie lors de l'accouchement.

Prenez le temps de vous mettre en mode Zen et puis...

Imaginez un fil de lumière qui relie votre cerveau à un appareil de contrôle de la douleur situé devant vous. Cet appareil est juste comme vous le désirez et aussi fiable et puissant que souhaité. Il comporte une aiguille qui donne l'indication d'une série de chiffres qui va de 1 à 10. Il peut être de différentes formes : rond, vitré, à l'image d'un tableau de bord ou encore allongé comme un thermomètre dont le mercure monte de 1 à 10, ou bien prendre la forme d'un pèse-personne avec l'aiguille qui oscille de 1 à 10. Ou toute autre forme que votre esprit inconscient a envie de créer car c'est l'image qui correspond le mieux à l'idée que vous vous en faites.

Observez cet appareil au début : sa couleur, sa matière, etc. Il est fait pour vous. Il est relié à une partie de votre cerveau qui évalue le seuil de douleur, seuil unique à chaque personne. Cet appareil est très utile puisqu'il va vous indiquer par son aiguille le seuil idéal pour que vous soyez à l'aise. Il n'y a pas d'intérêt à modifier la puissance des contractions le jour de l'accouchement. Mais il est essentiel d'en changer votre perception, afin qu'elles soient parfaitement supportables pour vous.

Dès qu'une douleur s'installe, regardez l'aiguille : elle est peut-être sur 10 ? Sur 8 ou sur 6 ? Alors maintenant, prenez le contrôle de cette machine pour diriger l'aiguille vers un chiffre inférieur qui va en même temps abaisser votre seuil de sensibilité. Ainsi vous serez parfaitement à l'aise. C'est peut-être 1 ou 2 ou encore 3 ? Ou parfois des personnes se sentent à l'aise au chiffre 4. Vous seule percevez le seuil qui est préférable pour être à l'aise, parfaitement à l'aise.

Dans les semaines qui précèdent votre accouchement, prenez le temps de bien vous familiariser avec votre appareil antidouleur afin qu'il soit de plus en plus concret et gagne en efficacité et rapidité. Si vous avez mal quelque part (au dos, à la jambe, etc.) pendant votre grossesse, profitez-en pour tester l'efficacité de votre appareil.

Décrivez ou dessinez votre appareil de contrôle

Décrivez votre appareil de contrôle, sa matière, sa forme, sa couleur.

....

....

Dessinez-le si vous le souhaitez :

Quel était le chiffre de départ ?

....

....

Quel était votre chiffre confort ?

....

....

Lors des essais suivants : votre chiffre confort est-il le même ou différent ?

....

....

Contrôlez votre douleur : le pinceau de glace

C'est reconnu, le froid est un antidouleur actif. La cryothérapie témoigne de l'efficacité anesthésique d'une application de produit glacé sur une douleur. Afin de donner les informations de froid à votre cerveau, je vous propose d'imaginer un gel antidouleur ayant les vertus antalgiques du froid. C'est une magnifique aide virtuelle que vous pourrez utiliser avant que l'on vous administre une piqûre (dans le bras, le dos).

Demandez alors à l'équipe médicale quelques minutes de concentration avant votre piqûre. Le gel antidouleur est tout à fait efficace également lors des contractions (au niveau du ventre ou au niveau des reins selon l'endroit où vous avez mal).

N'oubliez pas de vous entraîner avant dès le moment où vous avez mal quelque part. La répétition ancre les informations au niveau inconscient. Ainsi ce sera encore plus facile et rapide le jour J.

À vous

Prenez le temps de vous mettre en mode Zen et puis…

Imaginez devant vous ou sur le côté gauche ou droit un récipient (cuvette, pot, un verre ou autre) qui contient un produit anesthésiant très frais. C'est un gel ni trop liquide, ni trop solide, que vous pouvez vous amuser à toucher pour sentir à quel point il est froid. Vous vous souvenez que le froid est un anesthésiant. Examinez la couleur du gel : est-il bleu ? Blanc ? Vert ?

Puis vous pensez au pinceau qui sera le plus efficace. Voyez si c'est un pinceau aux poils fins ou larges. Si deux pinceaux vous viennent à l'esprit, c'est très bien : vous aurez le choix en fonction de l'endroit que vous voulez badigeonner… Et à n'importe quel moment vous pouvez demander à votre inconscient de nouveaux pinceaux plus adaptés.

Une fois que vous avez repéré l'endroit que vous voulez anesthésier, trempez dans le gel antalgique le pinceau avec la main droite ou gauche, selon ce qui est plus pratique pour vous, puis badigeonnez la zone précise de votre corps qui a besoin d'être anesthésiée. Sentez l'effet immédiat du gel antidouleur. Il est possible qu'au bout de quelques minutes vous ayez besoin de rebadigeonner. Vous pouvez utiliser autant de gel que vous le souhaitez car il y a et y aura toujours assez de gel anesthésiant dans votre contenant. Ce gel est toujours en quantité suffisante et toujours à portée de main : disponible n'importe où, n'importe quand.

Décrivez votre matériel antidouleur

Décrivez votre pinceau. De quelle matière est-il fait ? Est-il fin ? large ?

....

....

....

Comment est votre contenant ? Est-il grand ? Est-il petit ?

....

....

....

Quelle est la texture de votre gel ? Sa couleur ?

....

....

....

CHAPITRE 6

Le jour J, vous êtes prête

Ça y est, c'est le grand jour et c'est le moment d'appeler votre bébé, vous pouvez lui parler intérieurement, vous vous rappelez qu'il comprend tout à sa manière et qu'il choisit son moment pour venir au monde. Il est maître du jeu. On sait maintenant que c'est bébé qui déclenche les hormones qui vont lui permettre de sortir de la matrice. Gardez le lien lumineux, celui que vous avez répété pendant votre grossesse, de cœur à cœur. Ce même lien, la couleur, la forme de ce lien. Vous vous souvenez que ce lien est extensible à l'infini, il peut donc s'étendre au fur et à mesure que bébé progresse vers le col de l'utérus.

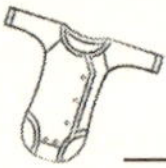

Votre peur a diminué. Ce qui a changé dans votre échelle

Inspirez profondément. Puis, pensez à votre peur de la naissance à venir. Entourez le chiffre qui correspond à votre état de tension. 1 étant une très faible crainte concernant votre accouchement et 10 une très grande peur.

1 2 3 4 5 6 7 8 9 10

Comparez avec la première échelle questionnaire que vous aviez réalisée il y a plusieurs semaines, au début de votre grossesse.

Le chiffre est inférieur ? C'est que votre symbole chasse-peur a bien fonctionné !

Félicitez-vous de ces progrès.

Votre bébé sait faire

Appelez intérieurement votre bébé pour lui dire combien vous avez hâte de le voir, que c'est le moment, que tout est prêt pour l'accueillir. Dites-lui aussi que vous avez confiance en lui. Que vous êtes là, que vous le soutenez dans sa descente. Votre bébé sait très bien comment faire. Mais de sentir que vous êtes avec lui lui donnera du courage et l'envie de venir encore plus vite. Dans mon livre *Venir au monde*, je décris certains rituels asiatiques qui consistent à appeler l'enfant pour qu'il arrive plus vite. Souvent c'est la sage-femme qui lui parle en lui disant : « Viens, maman est là, elle a envie de te prendre dans les bras, dépêche-toi. » Parfois, elle agite une sucrerie ou autre douceur devant l'ouverture, pensant que l'enfant va encore plus se presser. On peut imaginer que le futur papa appelle concrètement le bébé en même temps que vous. Créez ce qui vous parle, ce qui vous vient à l'esprit.

Il arrive que l'accouchement se déroule différemment de ce qu'on avait imaginé. Gardez en tête que l'important est de préserver le lien avec votre bébé, quoi qu'il arrive, y compris si vous « craquez » pour la péridurale alors que vous désiriez ardemment accoucher naturellement. L'arrivée de votre bébé est sacrée, c'est un moment puissant où il a besoin de sentir votre présence. Alors, même avec la péridurale, gardez le lien avec votre bébé, envoyez-lui tout votre soutien et votre amour. Réactivez le plus possible le lien lumineux que vous avez créé lors de votre grossesse. D'ailleurs ce lien lumineux continuera après la naissance de votre enfant. Par exemple, si l'équipe emmène votre bébé pour des soins dans une salle proche ou dans un autre service, rappelez-vous que le lien de lumière entre vous et le bébé est extensible à l'infini et toujours très puissant. Votre bébé sentira à sa manière votre présence alors même que vous êtes loin de lui. Profitez de ce lien pour que vos deux inconscients soient reliés à tout moment.

Toutefois, en fin de grossesse, si vous pensez devoir garder votre bébé bien au chaud, que vous avez peur de le laisser sortir de votre ventre alors que le terme prévu de sa naissance est déjà dépassé, ou encore si vous trouvez que vous « retenez » trop votre bébé pendant l'accouchement ou que vous avez des doutes sur votre capacité à accoucher, il peut être profitable de faire venir la Mère universelle que vous avez imaginée comme une aide lors de votre grossesse. Elle vient vous assister dès que vous avez besoin d'un soutien. Elle connaît toutes les solutions de toutes les mères. Elle saura puiser dans ce trésor de bienfaits ce qui est le mieux pour vous. Sentez sa présence, son soutien qui vous rassure et vous permet de vivre ce passage plus paisiblement.

Relaxez-vous en mode Musique

Si vous avez beaucoup écouté les enregistrements d'hypnose que je vous propose sur mon site, votre inconscient a mémorisé la musique qui se glisse derrière mes paroles. C'est pourquoi je vous propose d'écouter l'enregistrement « mode Musique » lors du dernier mois. Sans que vous vous en rendiez compte, un automatisme s'installe. À l'écoute de cette musique, votre inconscient se rappelle que c'est un moment de calme et de force intérieure. Dès les premières notes, c'est un peu comme si vous appuyiez sur un bouton « mode Zen » sans effort.

En plus de l'apaisement corporel et psychique que vous procurera l'écoute de cette musique seule, ces notes vous rappelleront les images positives en lien avec ce que vous avez créé durant ces derniers mois ou dernières semaines. Votre gel antidouleur vous apparaîtra dès que vous y pensez, votre Mère universelle sera près de vous, encore plus présente, votre symbole de réussite, votre cascade de bien-être ou votre bulle, tout cela apparaîtra encore plus facilement, plus rapidement. Je vous invite donc à écouter la musique seule et à chaque fois de repenser à une ou plusieurs visualisations que vous avez appréciées.

N'hésitez pas à écouter l'enregistrement « mode Musique » ainsi que le « mode Zen » et le « mode Lieu ressources » dans n'importe quelle posture et à différents moments, même quand il y a du bruit autour de vous. Par exemple, mettez vos écouteurs en vous baladant dans un square. Vous devriez pouvoir vous détendre même lorsque vous êtes entourée des rires des enfants qui jouent. Au départ, cet entraînement peut vous sembler difficile. N'hésitez pas à le renouveler jusqu'à ce que vous parveniez à passer du mode conscient au mode zen rapidement. Le jour de votre accouchement, il est possible que vous ayez envie de marcher, de vous rouler en boule, et qu'il y ait du mouvement et du bruit autour de vous si vous accouchez en maternité. Rien qu'en écoutant la musique vous retrouverez ces visualisations et toute la puissance des modifications positives tant psychiques que physiologiques qui y sont associées.

Accélérez l'ouverture : la fleur qui s'ouvre

Toutes les métaphores d'ouverture sont un moyen efficace d'envoyer le signal à votre inconscient que le col peut maintenant s'ouvrir de plus en plus pour que votre bébé puisse venir au monde. Ces visualisations peuvent se faire juste le jour J ou bien quelques jours avant, mais pas avant le début du neuvième mois de grossesse.

Voici une belle métaphore que j'ai découverte lors des recherches ethnologiques sur les rituels de naissance. L'une de ces coutumes consistait à déposer une fleur de Jéricho près de la future maman au moment où elle devait accoucher. Cette fleur, une fois déposée dans l'eau, ouvre ses pétales pour s'épanouir totalement.

En imaginant cette fleur, vous envoyez à votre inconscient ce message symbolique signifiant qu'il est temps pour votre utérus de s'ouvrir. Vous pouvez donc rendre cette image active le jour de l'accouchement pour accélérer l'ouverture de votre col ou bien en fin de grossesse si votre sage-femme vous informe que votre col est trop fermé.

À vous

Prenez le temps de vous mettre en mode Zen et puis...

Visualisez une belle fleur encore en bouton ou fermée. Une très belle fleur que vous appréciez particulièrement. Une tulipe, une rose, ou une fleur exotique qu'on ne trouve que dans les pays chauds. C'est peut-être même une fleur que vous inventez, avec une couleur très spéciale qui vous plaît beaucoup, un parfum enchanteur.

Observez cette fleur et percevez toute son énergie. Puis, regardez comment elle s'épanouit. Elle est fermée mais bientôt ses pétales vont s'ouvrir. Vous les voyez peut-être déjà commencer à se déplier. Cette ouverture se réalise soit à travers des phases successives, soit très rapidement, d'un seul coup. Tout se fait toujours au bon rythme pour vous. Prenez plaisir à observer ce spectable magnifique de la fleur qui s'épanouit. Elle déploie ses pétales et devient encore plus belle. Détaillez chaque sensation (les couleurs à l'intérieur de la fleur, sa fragrance, sa beauté...).

Au fur et à mesure que vous visualisez et ressentez cette fleur, vous ouvrez la voie à votre bébé.

Décrivez ou dessinez votre fleur

Sa forme :

....

....

....

Sa couleur :

....

....

....

Son parfum :

....

....

....

Bien sûr, maintenant que vous êtes habituée à vous connecter à votre inconscient à l'aide de métaphores, vous pouvez faire appel à votre créativité et imaginer d'autres symboles, comme une porte qui s'ouvre de plus en plus, derrière laquelle votre bébé arrive. Que vous soyez à trois ou quatre centimètres de dilatation, cette métaphore, comme un message inconscient, adressera à votre corps cette demande d'ouverture.

Votre compagnon vous soutient

Votre compagnon, s'il souhaite assister à l'accouchement, peut grandement vous assister en répétant régulièrement les mots-clefs des imageries que vous avez créées. Par exemple, si vous appréciez particulièrement votre symbole de réussite (voir page 115), il peut le redessiner devant vous, ou vous le remettre en mémoire. Ou bien détailler une partie spécifique de votre Lieu ressources que vous appréciez particulièrement : Rappelle-toi l'herbe que tu sens sous tes pieds /Rappelle-toi l'arbre, ce tronc solide sur lequel tu t'appuies. Tu peux le sentir derrière ton dos, c'est un supersoutien /ah, ta montagne, quand tu te retrouves là-haut, tout en haut, à respirer à pleins poumons cet air frais et vivifiant /Les vagues de ton lieu sont présentes, tu peux les entendre, ces vagues qui vont, qui viennent, cette nature qui sait déjà tout faire, etc.

Il est bon que votre compagnon sache qu'une sensation de bien-être est incompatible mentalement avec une sensation désagréable. C'est l'une des deux sensations qui aura le dessus. Il fera en sorte que ce soit la sensation agréable bien entendu en continuant de parler du lieu, peut-être même en vous demandant s'il y a quelque chose de particulier dont vous avez envie de parler maintenant que vous êtes dans votre lieu… Parfois juste les mots sont suffisants (« bois », « air pur », « soleil »). L'inconscient capte le message. Et surtout qu'il n'hésite pas à répéter, l'inconscient aime la répétition des mots, des phrases, des métaphores…

Votre compagnon peut également vous « brancher » sur un événement du passé qui a été un superbe moment pour vous. Par exemple, une expérience que vous avez revécue lors de la visualisation de réussite. En retrouvant ce moment, vous vous reconnectez à tout le positif de ce souvenir et vous réactivez votre capacité d'assurance et de réussite. Dans ce cas, il vous met sur la voie puis, comme un dialogue, vous racontez tout ce que vous ressentez, voyez, entendez dans ce souvenir. Vous le revivez comme si c'était maintenant en faisant le plein de toutes vos ressources positives.

Réactivez l'ancrage de soutien que vous avez expérimenté pendant votre grossesse. Cette sensation de soutien avec tout l'apaisement que vous aviez connu lorsqu'il vous avait posé la main lors de vos séances mode Zen ou mode Lieu ressources. Il doit poser la main exactement au même endroit qu'avant, avec la même pression. S'il avait prononcé un mot en même temps que l'imposition de sa main (par exemple « je suis là » ou « tout va bien » ou « tu es formidable »), alors il pose la main en répétant cette même phrase. Le corps se rappelle et le cortège d'images et sensations positives vient sans effort en vous. Ce geste d'ancrage peut être répété à différents moments de l'accouchement, dès que votre compagnon sent que vous avez besoin de soutien. Il arrive qu'à certains moments de l'accouchement vous n'ayez pas envie que votre compagnon vous touche. Prévenez-le que c'est une possibilité et qu'il ne doit pas se sentir rejeté. Reste les paroles qui sont puissantes…

Tous vos symboles sont actifs !

Enfin, n'oubliez pas vos symboles et métaphores actifs ! Si vous vous êtes bien entraînée les semaines précédentes, il vous sera facile de switcher du mode conscient au mode Zen. Il suffira alors de visualiser ou percevoir à votre manière les symboles que vous sentez les plus efficaces pour vous. Votre symbole chasse-peur, votre symbole réussite, et, en cas de fatigue, profitez de votre cascade de bien-être. Bien entendu, vous pouvez toujours être reliée à votre appareil de contrôle douleur, c'est le moment de le faire fonctionner tout en plaçant votre pinceau de glace près de vous…

Vos symboles et mots-clefs actifs

Notez sur cette page les métaphores et visualisations que vous avez activées. Puis, le jour J, détachez la feuille pour l'emporter avec vous à la maternité. Tous ces symboles permettront à votre compagnon de vous reconnecter à toutes les ressources que vous avez réveillées pendant votre grossesse :

Mots-clefs de votre bougie zen :

....

....

Mots-clefs de votre Lieu ressources :

....

....

Mots-clefs de votre Mère universelle :

....

....

Votre symbole chasse-peur :

....

....

Votre symbole réussite :

....

....

Votre bulle zen :

....

....

Votre lien lumineux avec bébé :

....

....

Le geste d'ancrage de soutien de votre compagnon :

....

....

Votre cascade de bien-être :

....

....

La puissance de la mer :

....

....

Votre métaphore d'ouverture (fleur, porte...) :

....

....

Votre gel et pinceau de glace :

....

....

Votre appareil de contrôle de la douleur :

....

....

CHAPITRE 7

Restez zen après la naissance

Cette partie est réservée aux visualisations postnatales qui vous permettront de poursuivre le lien intuitif que vous avez avec votre bébé, lui souhaiter bienvenue de manière originale et inconsciente, le protéger et activer l'allaitement. Je vous ai concocté également des exercices efficaces pour vous sentir en forme après votre accouchement.

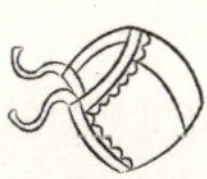

Racontez l'arrivée de votre bébé

Comment s'est déroulée la naissance de Bébé ?

....

....

....

....

....

Racontez votre premier échange de regards avec Bébé :

....

....

....

....

Le moment que vous avez le plus apprécié :

....

....

....

....

Et le premier échange avec son papa :

....

....

....

....

Quel(s) prénom(s) lui avez-vous donné(s) ?

....

....

....

....

Pour quelles raisons ?

....

....

....

....

Quelles sont les premières paroles entendues par Bébé ?

....

....

....

....

Comment avez-vous annoncé la nouvelle à vos proches et à vos amis ?

....

....

....

....

Notez ici le contenu de votre faire-part :

....

....

....

....

Protégez votre bébé : la bulle de protection

Toutes les mamans du monde souhaitent le meilleur pour leur bébé. Elles espèrent ardemment qu'il grandira avec force et vitalité et en appellent aux forces invisibles pour les protéger. Alors elles inventent des rituels qu'elles jugent efficaces. Dans *Venir au monde*, j'ai détaillé de nombreuses coutumes toujours en cours aux quatre coins de la terre. Des bracelets, des gris-gris, des applications de sel, de plantes... Les femmes ont toujours déployé des trésors d'imagination pour déjouer le mauvais sort.

Ces subterfuges peuvent en faire sourire quelques-unes et c'est dommage car ils reposent sur un effet placebo maintenant reconnu et qui apaise réellement l'esprit des nouvelles mamans. Le secret réside dans le pouvoir de protection que la maman place symboliquement dans l'objet qui devient ainsi actif.

Sur le mode métaphorique, je vous invite à créer une protection que vous pourrez utiliser juste après la naissance, que votre bébé soit installé près de vous ou plus loin, dans une autre pièce de la maison, voire dans un service pédiatrique si votre petit nécessite des soins appropriés. Plus tard, vous pourrez aussi continuer cette visualisation quand votre enfant grandira.

À vous

Prenez le temps de vous mettre en mode Zen et puis…

Réactivez le lien lumineux qui existe déjà entre vous et votre bébé quelle que soit la distance qui vous sépare. Ressentez ce qu'il peut faire : peut-être qu'il bouge ou bien qu'il est en train de dormir ? Adressez-lui tout votre amour.

Puis, après une profonde respiration et quand vous sentirez que c'est le moment, installez tout autour de votre enfant une belle bulle lumineuse d'une très belle couleur. La première couleur qui vous vient à l'esprit et que vous trouvez belle. C'est peut-être la même couleur que votre propre bulle car l'énergie de votre enfant est fortement reliée à la vôtre. Ou bien une autre couleur qui est préférable pour lui, sans que vous sachiez pourquoi car parfois seul l'inconscient sait…

Imaginez cette douce lumière l'envelopper tel un cocon protecteur. Continuez d'envoyer tout votre amour jusqu'à ce que cette bulle l'enveloppe totalement et que vous sentiez l'apaisement s'installer chez lui comme chez vous.

Une fois cette enveloppe protectrice installée, il vous suffira de temps à autre, quand vous en sentirez le besoin, de la réactiver en vous rappelant soit sa couleur, soit sa forme, pour vous sentir apaisée. Votre petit saura ressentir les messages de plénitude que vous vivez, ce qui l'apaisera à son tour.

Accélérez la cicatrisation : le baume régénérant

Vous avez peut-être subi une épisiotomie, une déchirure du périnée ou une césarienne lors de votre accouchement ? En plus du traitement conseillé par votre équipe médicale, je vous propose un baume qui améliorera et accélérera la cicatrisation de ces plaies mais également des crevasses possibles lors de l'allaitement.

À vous

Prenez le temps de vous mettre en mode Lieu ressources, et puis...

Imaginez que vous vous reposez tranquillement en prenant du temps pour récupérer de votre accouchement. Repensez à votre cicatrice en demandant à votre inconscient de cicatriser plus rapidement que prévu. Puis votre Mère universelle, toujours présente et proche, s'avance vers vous, une crème à la main. Cette préparation peut être en tube, en pot ou sous forme d'une pâte disposée dans une tasse.

Regardez la couleur de la crème. Est-elle blanche ? Verte ? D'une autre couleur ? Il est possible qu'elle sente bon si la Mère universelle y a glissé quelques herbes magiques. Elle vous explique comment elle va appliquer cet onguent : directement sur la plaie ou à l'aide d'une spatule.

Puis, quand vous êtes prête, vous vous allongez dans votre Lieu ressources que vous appréciez pour son calme et vous laissez la Mère universelle vous appliquer ce baume magique. Une fois qu'elle a terminé, remerciez-la. Prenez ensuite le temps de bien vous détendre et de profiter de ce moment pour vous. Vos cellules se régénèrent. Vos cellules se reconstruisent. Votre cicatrice se referme plus rapidement. Pendant ces quelques minutes supplémentaires, laissez votre inconscient donner les informations de cicatrisation nécessaires à toute cette partie de votre corps.

Vous reviendrez dans l'ici et maintenant en pleine forme, sachant que votre corps travaille pour vous. En sachant aussi que lorsque vous retournerez dans quelques heures dans votre Lieu ressources, le baume magique sera toujours là, disponible. Et votre Mère universelle prête à appliquer cet onguent jusqu'à ce que votre plaie soit totalement cicatrisée.

Échappez au baby-blues : la couleur énergie

Il est naturel de se sentir fatiguée après une naissance : vous avez déployé tant d'efforts, en plus du stress de l'accouchement et de l'excitation d'accueillir votre enfant. Il est aussi naturel d'avoir un petit coup de blues : il est parfois difficile de résister aux gigantesques bouleversements hormonaux qui déferlent sur les nouvelles mamans juste après l'accouchement. Cette visualisation vous aidera à retrouver de l'énergie.

À vous

Prenez le temps de vous mettre en mode Zen et puis...

Rappelez-vous un bon moment (il y a une semaine, un an, vingt ans...) un moment qui est peut-être rapide, ou long, peu importe. C'est un moment où vous étiez en pleine forme, le moral au top et envie de vous investir dans un projet.

Plongez dans cette ancienne expérience comme on plonge dans un bon bain. Rappelez-vous votre énergie lors de ce moment où vous étiez bien. C'est peut-être un moment où on vous annonce une bonne nouvelle. Ou bien lorsque vous apprenez que vous êtes enceinte. Ou quelqu'un qui vous félicite au travail. Ou un moment de fous rires avec des amies. Ou encore vous revivez la rencontre avec votre compagnon. Bref, un moment heureux où vous vous sentiez en pleine forme. Retrouvez tous les détails plaisants de ces instants.

Une fois que vous revivez ce moment, coloriez toute la scène avec une couleur particulière qui vous plaît. Ce sera votre « couleur énergie ». Voyez si c'est du jaune soleil qui teinte votre souvenir, du rose ou un bleu outremer. Laissez la première couleur énergie s'installer sur toute votre scène. Puis, quelques instants plus tard, en respirant, vous prenez toute cette couleur énergie en vous. À chaque inspiration, vous vous sentez de plus en plus en forme. Respirez autant de couleur énergie que vous désirez, jusqu'à ce que vous sentiez cette expérience et cette joie en vous.

Vous revenez ici et maintenant avec cette sensation d'avoir bien récupéré et d'être en pleine forme.

À chaque fois que vous en aurez besoin, repensez à cette couleur énergie. Elle vous redonne le moral.

Décrivez votre couleur énergie

Quel était votre souvenir ?

....

....

....

Quelle était votre couleur énergie ?

....

....

Stimulez la lactation : la fontaine lumineuse

Si vous avez décidé de donner le sein à votre enfant, mettez toutes les chances de votre côté en augmentant la lactation grâce à cet exercice métaphorique. Si vous avez opté pour le biberon, par choix ou pour raison médicale, rappelez-vous qu'il est essentiel de profiter de ce moment d'échange. Échange de regards, échange de sourires, échanges de caresses, échange de messages d'amour, échange de pensées douces et enveloppantes. Profitez de ces moments privilégiés avec votre tout-petit pour réactiver votre lien lumineux.

À vous

Prenez le temps de vous mettre en mode Lieu ressources, et puis…

Baladez-vous dans votre lieu. Il y a sans doute encore des endroits de votre monde que vous connaissez peu. Partez à la découverte de nouveaux paysages jusqu'à ce que vos pas vous guident vers une source d'eau fraîche contenue dans un magnifique bassin blanc. Au centre du bassin de source, une magnifique sculpture qui ressemble à une petite montagne arrondie, en pierre précieuse blanche. Vous aimeriez bien savoir de quelle pierre il s'agit. Et vous trouvez : il s'agit de la pierre de lune, appelée aussi « Pierre des déesses » car elle est le symbole de la féminité.

À ce moment, vous vous apercevez que près de ce bassin se réunissent d'autres nouvelles mamans. Elles parlent entre elles, se donnent des conseils. Vous comprenez que c'est un lieu de rendez-vous des femmes qui viennent d'avoir un bébé. Votre Mère universelle est sans doute présente, dispensant ses précieux conseils. Toutes les femmes vous accueillent avec plaisir et vous félicitent en souhaitant bienvenue à votre enfant. C'est comme un rituel entre femmes où les choses sont comprises intuitivement et où chacune rassure l'autre.

Elles vous dévoilent le secret de la source : boire de cette eau permet de nourrir plus facilement les bébés. Elles vous expliquent : il suffit de prendre une timbale blanche et de la remplir d'eau de source, cette eau magnifique pure et cristalline.

C'est votre tour d'essayer. Lorsque vous avalez l'eau de source, vous sentez la puissance de ce liquide en vous, comme si à l'intérieur de votre corps tout était en merveilleuse ébullition. Et en même temps vous observez cette vision surprenante : à chaque fois que vous buvez un verre de l'eau de source, à chaque fois la montagne au centre de la fontaine laisse jaillir un magnifique jet de lumière blanche. Les femmes vous applaudissent : cela veut dire que vous avez en vous la force naturelle qui est reliée à la nature. Elles chuchotent : c'est naturel, c'est naturel. Vous les remerciez et vous leur promettez de continuer de faire jaillir la lumière blanche en vous et que, dès que vous en aurez besoin ou envie, vous reviendrez à la source pour vous nourrir de cette magnifique fontaine lumineuse.

Vous revenez ici et maintenant en sentant encore cette puissance en vous.

Décrivez votre fontaine lumineuse

Détaillez votre jet de lumière :

....

....

....

Les conseils entendus autour de la fontaine :

....

....

Pour votre bébé : les cadeaux transgénérationnels

L'arrivée d'un bébé fait évoluer toute la famille et c'est le moment d'inscrire le nouveau-né dans sa lignée. L'arbre généalogique que vous trouverez page suivante vous aidera à donner sa place à chacun. Sur l'autre page vous pourrez consignez les phrases de bienvenue de chaque membre de la famille. Pour ceux qui sont loin ou partis pour toujours, vous imaginerez ce qu'ils auraient pu dire. Et, grâce au prochain exercice, vous pourrez ensuite tous les imaginer comme des fées autour du berceau du nouveau venu, chacun lui apportant une ressource particulière (un don, une aptitude, une qualité, un vœu…).

Comme votre inconscient ancre plus facilement les images mentales, je vous incite à symboliser chaque ressource par un fruit que vous déposerez dans un panier de transmissions pour offrir cette récolte à votre bébé.

À vous

Prenez le temps de vous mettre en mode Zen et puis…

Retrouvez sur votre écran mental l'arbre généalogique que vous aurez complété page 194. Puis, à chaque inspiration profonde, « appelez » en imaginaire chaque membre de la famille. En pensant à chaque personne, rappelez-vous sa phrase de bienvenue ou imaginez le mot ou la phrase qui, selon vous, résumerait sa façon d'accueillir votre enfant. Notez ce qui vous est venu à l'esprit en premier pour chacun sur la page de droite (page 195).

Ensuite, toujours en mode Zen, retrouvez en imaginaire cet arbre familial avec chaque personne sur une branche de cet arbre. La présentation de cet arbre peut se modifier sur votre écran mental : il peut prendre l'apparence d'un chêne, d'un cocotier, d'un pommier, ou même d'un mélange de plusieurs arbres. C'est votre arbre. Tel qu'il vous apparaît, même si votre mental vous souffle que ce type d'arbre n'existe pas, vous savez bien que votre pouvoir imaginaire vous permet de créer ce qui est évoqué au niveau inconscient. Pareillement, les personnes que vous aviez inscrites dans l'arbre généalogique vous apparaissent, comme par magie, comme si elles avaient toujours existé dans les branches de cet arbre.

Et puis, à côté de chaque personne, imaginez un fruit mûr qui peut être différent à chaque fois (orange, pomme, cerise...). Si certains fruits sont gâtés, enlevez-les de votre arbre pour ne garder que les bons fruits mûrs. Il est possible que certains membres de la famille vous donnent directement un fruit. C'est très bien aussi.

Ce fruit symbolise ce que chacun apporte à votre enfant de beau et bon pour qu'il puisse récolter tous les fruits positifs de la famille. Chaque fruit représente donc quelque chose de positif : une force, une expérience, une capacité, un don... Peut-être que vous comprendrez consciemment ce que chacun apporte à votre enfant. Ou peut-être que ces informations resteront au niveau inconscient, ce qui est bien aussi.

Toujours en mode Zen, récoltez tous ces fruits mûrs dans un panier et imaginez que vous offrez ce panier à votre enfant pour qu'il se nourrisse de toute cette belle transmission qui lui permettra de grandir avec force et conscience.

« Bébé prend sa place »

Marquez sur chaque position les prénoms de chaque membre de la famille.

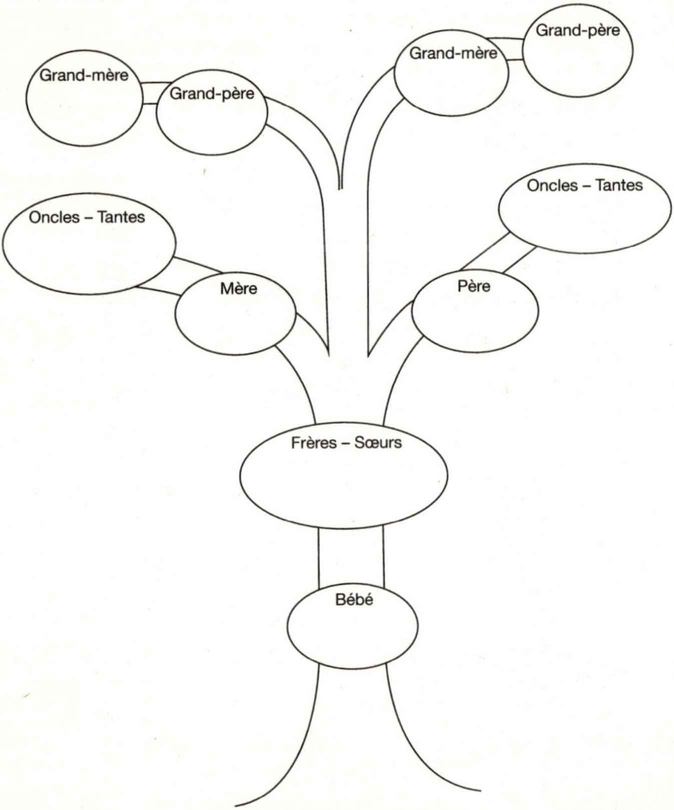

Notez les phrases de bienvenue que ces personnes ont adressées réellement ou virtuellement à votre bébé, ainsi que leurs cadeaux transgénérationnels.

Vous : ....
....
Son papa : ....
....
Ses frères : ....
....
Ses sœurs : ....
....
Sa grand-mère maternelle : ....
....
Son grand-père maternel : ....
....
Sa grand-mère paternelle : ....
....
Son grand-père paternel : ....
....
Ses tantes : ....
....
Ses oncles : ....
....
Ses arrière-grands-parents : ....
....

Conclusion

Continuez d'être en lien avec votre enfant grâce aux relaxations et visualisations que vous avez apprises durant votre grossesse. Rappelez-vous que vous êtes plus que ce que vous pensez. Vous savez désormais que vous avez cette capacité à entrer en résonance avec votre part inconsciente de vous-même afin de mieux dépister ce qui est bon pour vous ou pour votre enfant. Dès que vous en avez besoin ou envie, prenez du temps pour vous, rappelez le lien lumineux qui vous unit à votre petit. Écoutez ce que votre intuition vous signale.

Vous remarquerez que votre enfant, comme la majorité des hypno-bébés, est zen et assuré. Au fil des années, lorsqu'il va grandir, vous aurez sans doute toujours ce désir de le comprendre au mieux ou de lui apporter subtilement votre aide.

À la lumière de tout ce que vous avez compris pendant ces mois de grossesse, vous pourrez lui transmettre cet état de relaxation et de connexion inconsciente en lui apprenant à s'apaiser et à trouver la solution pour aller encore mieux. Si vous en avez envie, vous pourrez très bien partager avec lui un peu plus tard l'art de la visualisation. Faites aussi confiance maintenant à votre inspiration pour créer vos propres petits contes métaphoriques, ces histoires qui parlent à notre inconscient en douceur et avec efficacité face aux problèmes.

Et, lorsque votre bébé aura l'âge de comprendre, offrez-lui ce cahier où vous aurez noté vos ressentis. Certains passages résonneront sans doute dans son inconscient qui a gardé en mémoire les bons moments vécus *in utero*. Ce cadeau renforcera son sentiment qu'il a bien sa place au sein de sa famille.

Remerciements

Je remercie toute l'équipe des Éditions Payot et particulièrement mes éditeurs Gaëlle et Christophe qui accueillent mes idées et mes écrits avec toujours autant d'enthousiasme. Tous mes remerciements aux futures mamans et praticiennes HypnoNatal à qui j'enseigne cette méthode depuis dix ans. Leurs retours m'ont confirmé la puissance de cet outil. Enfin, mille mercis à Catherine et Dominique, pour m'avoir conviée avec autant de joie et de lumière dans leur maison d'Oubaha au Maroc. Écrire face à l'océan m'a donné l'inspiration pour rédiger la majeure partie de ce livre dans la plus grande sérénité.

TABLE

Composition et mise en pages :
FACOMPO, LISIEUX.

Imprimé par CPI (Barcelona)
en juin 2020
Dépôt légal : juin 2017

Imprimé en Espagne